Carsten Laschet | Franz Held

Ratgeber Geschäftsführer-Haftung und D&O-Versicherung

Carsten Laschet | Franz Held

Ratgeber Geschäftsführer-Haftung und D&O-Versicherung

3. Auflage

Sonderbeiträge:

Cyber-Risiken: Pflichten der Geschäftsführung
Jerome Nimmesgern

**Die Millionenbußgelder der DSGVO und andere
datenschutzrechtliche Fallstricke für Geschäftsführer**
Dr. Lutz Martin Keppeler

Bibliografische Information der Deutschen Nationalbibliothek

Die Deutsche Nationalbibliothek verzeichnet diese Publikation in der
Deutschen Nationalbibliografie; detaillierte bibliografische Daten sind
im Internet über http://dnb.d-nb.de abrufbar.

Beachten Sie bitte stets unseren Aktualisierungsservice auf unserer
Homepage unter: **vvw.de → Service → Ergänzungen/Aktualisierungen**
Dort halten wir für Sie wichtige und relevante Änderungen und
Ergänzungen zum Download bereit.

Gleichstellungshinweis

Zur besseren Lesbarkeit wird auf geschlechtsspezifische Doppelnennungen verzichtet.

ISBN   978-3-96329-048-0

Inhaltsverzeichnis

Sonderbeiträge

Jerome Nimmesgern

Dr. Lutz Martin Keppeler

1 Geschäftsführung – das letzte große Abenteuer unserer Zeit

In den Medien hält die Berichterstattung über neue Fälle der Manager-Haftung an, wobei auch die Versicherbarkeit solcher Risiken über eine D&O-Versicherung angesprochen wird. Während die GmbH – in Deutschland die mit Abstand häufigste Unternehmensform – hohe Popularität aufgrund der Möglichkeit zur kapitalseitigen Haftungsbeschränkung genießt, bezieht sich diese „beschränkte Haftung" gerade nicht auf die Geschäftsführung.

Geschäftsführer haften grundsätzlich unbeschränkt mit ihrem Privatvermögen für in ihrer Tätigkeit begangene Pflichtverletzungen.

Dieser Ratgeber enthält praktische Tipps für das richtige Verhalten von Geschäftsführern und die Möglichkeiten der Absicherung über eine D&O-Versicherung. Die Erfahrungen aus zahlreichen Praxisfällen werden leicht verständlich dargestellt, um einen ersten umfassenden Überblick über die Haftungsrisiken von Geschäftsführern, Verhaltensstrategien und die „richtige" D&O-Versicherung zu bieten.

Die aktuelle Diskussion zeigt, dass die politische Entwicklung und der gesetzgeberische Wille noch weiter auf die Verstärkung von persönlicher Haftung und Verantwortung von Unternehmensleitern gerichtet sind, auch wenn sich der Deutsche Juristentag 2014 mit notwendigen Reformen im Zusammenhang mit der Organhaftung und gewissen „Haftungserleichterungen" befasst hat. Insbesondere die immer wieder aufkommenden Fragen in Bezug auf eine unternehmensbezogene „Compliance" und auch internationale Rechtsentwicklungen deuten an, dass mittelfristig noch einiges an Veränderungen bevorsteht – jedoch geht es hierbei eher um Haftungsverschärfungen. Der Trend setzt sich also fort, sodass an Haftungserleichterungen für Geschäftsführer wohl eher nicht zu denken ist.

Die neue Datenschutz-Grundverordnung zeigt dies deutlich auf. Bisher lag der Rahmen des Bundesdatenschutzgesetzes für Bußgelder bei 50.000 € bzw. maximal 300.000 € für sehr schwere Verstöße. Bisher haben Datenschutzbehörden den oberen Rahmen der Bußgelder nur sehr selten und bei dauerhaften Verstößen ausgereizt.

Die DSGVO sieht Bußgelder bis zu 20 Mio. € oder 4 % des weltweiten Vorjahresumsatzes vor. Der hohe Bußgeldrahmen ist ein Kernbestandteil der DSGVO und steigert in diesem Bereich das Haftungspotenzial des Geschäftsführers, z.B. wegen eines Regresses, deutlich.

Besondere Haftungsrelevanz besteht aber auch immer dann, wenn sich die GmbH in einer Unternehmenskrise befindet. Denn die Bewältigung einer solchen Krise stellt die Geschäftsführung vor die große Herausforderung, den richtigen Weg zur Krisenbewältigung zu beschreiten und eine spätere Inanspruchnahme durch einen Insolvenzverwalter zu vermeiden.

Dieser Ratgeber wird deshalb abgerundet mit zwei Sonderbeiträgen zu den Themen „Cyber-Risiken: Pflichten der Geschäftsführung" und „Die Millionenbußgelder der DSGVO und andere datenschutzrechtliche Fallstricke für Geschäftsführer".

Einhergehend mit der Rechtsentwicklung verändert sich auch der Versicherungsmarkt. Hier ist es wichtig aufzuzeigen, was derzeit angeboten wird, was versicherbar ist und was nicht, und wie die D&O-Versicherung als „Beruhigungsmittel" für den Geschäfts-führer wirken kann. Persönliche Haftung und D&O-Versicherung sind heute aus dem Gedankenkreis eines Geschäftsführers nicht mehr herauszulösen und sollten deshalb „Chefsache" sein.

2   Einführung und Übersicht

Der Geschäftsführer ist das wichtigste Organ der Gesellschaft im operativen Bereich. Während die Gesellschafterversammlung und ggf. ein eingesetzter Beirat/Aufsichtsrat (vgl. dazu S. 41 ff.) zwar begleitend operativ tätig sein können, bleibt dem Geschäftsführer selbst keine Wahl. Er kann sich nicht auf das Tätigwerden anderer Organe verlassen, sondern muss seinen Pflichtenkatalog resultierend aus GmbHG, Geschäftsführeranstellungsvertrag, Satzung und einzelnen Gesellschafterbeschlüssen gänzlich und vollständig jederzeit beachten. Ohne ihn ist die Gesellschaft nicht handlungsfähig. Dies wiederum führt im Spiegelbild dazu, dass der Geschäftsführer aufgrund seiner umfassenden Verantwortung und Vollmacht zugleich auch erhebliche Haftungsrisiken zu tragen hat. Er ist verantwortlich im doppelten Sinne: Er muss handeln (aktive Verantwortlichkeit) und zugleich bei Pflichtverletzungen aus dieser Tätigkeit auch für entstandene Schäden haften (passive Verantwortlichkeit). Diese Haftung ist nicht begrenzt, sondern der Geschäftsführer haftet mit seinem gesamten privaten Vermögen. Dazu gehören auch – wenn ein Haftungsfall eingetreten ist – die laufende Geschäftsführervergütung, ggf. auch Abfindungen oder freiwillig zugesagte Pensionsleistungen, Renten usw. Allein deshalb ist die Frage nach Versicherungsschutz in Form der D&O-Versicherung (vgl. hierzu S. 47 ff.) von erheblicher Bedeutung.

In den letzten Jahren hat sich die Praxis entwickelt, in Pflichtverletzungsangelegenheiten nicht nur zivilrechtliche Ansprüche geltend zu machen, sondern ggf. auch strafrechtliche Schritte einzuleiten. Damit kann der Geschäftsführer zum einen erheblich unter Druck gesetzt werden, zum anderen haben Strafverfolgungsbehörden anderweitige und vor allem effektivere Möglichkeiten, Beweismittel zu sammeln, als dies dem Geschädigten selbst möglich ist. Von diesen Erkenntnissen können die Anspruchsteller profitieren, zumal die Strafverfolgungsbehörden auch eine Schadenschätzung machen müssen, um eine Bewertung des notwendigen Strafmaßes zu erreichen. Diese Schätzungen liegen allerdings oft in großem Abstand zu dem tatsächlich zivilrechtlich relevanten Schaden – sowohl in die eine als auch in die andere Richtung. Eine ungeprüfte Übernahme dieser Schätzungen bedarf daher eines gewissen Vorbehaltes.

Wer sind die Anspruchsteller?

Es gibt unterschiedliche Möglichkeiten, einen Geschäftsführer in Anspruch zu nehmen, was zugleich zeigt, dass der Geschäftsführer vielfältig in der Pflicht steht, nicht nur gegenüber der Gesellschaft, sondern auch gegenüber Dritten. Gegenüber wem aber ist der Geschäftsführer zur Sorgfalt und gewissenhaftem Arbeiten verpflichtet?

Der häufigste Anwendungsfall der Inanspruchnahme eines Geschäftsführers ist die sog. Innenhaftung. Dabei nimmt die Gesellschaft selbst, also die GmbH als eigenständige Rechtspersönlichkeit, vertreten durch die Gesellschafterversammlung, ihren Geschäftsführer auf Schadenersatz in Anspruch, weil er ihr gegenüber seine Pflichten aus dem Geschäftsführeranstellungsvertrag und / oder seiner Organstellung nicht sorgfältig beachtet hat. Die Vielzahl gesetzlicher Pflichten, die der Geschäftsführer einzuhalten hat, wird nachfolgend dargestellt. Der Haftungstatbestand, aus dem ein Geschäftsführer in Anspruch genommen wird, ist zumeist § 43 GmbHG für die Organhaftung, § 280 BGB als allgemeine zivilrechtliche Haftungsregel für Pflichten aus dem Geschäftsführeranstellungsvertrag.

§ 43 GmbHG – Haftung der Geschäftsführer

(1) Die Geschäftsführer haben in den Angelegenheiten der Gesellschaft die Sorgfalt eines ordentlichen Geschäftsmannes anzuwenden.

(2) Geschäftsführer, welche ihre Obliegenheiten verletzen, haften der Gesellschaft solidarisch für den entstandenen Schaden.

§ 280 BGB – Schadenersatz wegen Pflichtverletzung

Verletzt der Schuldner eine Pflicht aus dem Schuldverhältnis, so kann der Gläubiger Ersatz des hierdurch entstehenden Schadens verlangen. Dies gilt nicht, wenn der Schuldner die Pflichtverletzung nicht zu vertreten hat.

Diese Vorschriften zeigen, dass der Geschäftsführer zum einen – über § 43 GmbHG – verpflichtet ist, die Interessen der Gesellschaft wahrzunehmen, zugleich aber auch in dem Spannungsverhältnis steht, die Interessen der Gesellschafter – also seiner „Dienstherren" – befriedigen zu müssen. Dieses Spannungsfeld wird haftungsrechtlich dann relevant, wenn Entscheidungen und Wünsche der Gesellschafter von dem abweichen, was für die Gesellschaft selbst die richtige Entscheidung wäre. Neben der Grundnorm des § 43 GmbHG existieren dazu diverse Spezialregelungen („lex specialis") zur Haftung wie § 64 Abs. 2 GmbHG wegen Zahlungen trotz Insolvenzreife.

Des Weiteren kann der Geschäftsführer auch von Dritten in die Haftung genommen werden (Außenhaftung). Dritte sind dabei Personen oder Institutionen, die sämtlich außerhalb der Gesellschaft stehen. Denkbar ist z. B. die Haftung gegenüber dem Finanzamt für Steuerschulden der Gesellschaft, gegenüber den Sozialversicherungsträgern wegen der Abführung von Sozialversicherungsabgaben und auch gegenüber einzelnen Gesellschaftern wegen der Rückzahlung von Stammkapital (§§ 30, 31 GmbHG). Ebenso denkbar ist eine Haftung gegenüber Vertragspartnern der Gesellschaft und Arbeitnehmern, die in Ausnahmefällen den Geschäftsführer selbst haftbar machen können. In diesen Fällen steht meistens die Haftung aus unerlaubter Handlung und wegen Verstößen gegen sog. Schutzgesetze i. S. v. § 823 Abs. 2 BGB im Vordergrund. Dies sind insbesondere die Strafvorschriften der §§ 263 (Betrug), 266 (Untreue) und 283 ff. (Insolvenzstraftaten) StGB oder bei Arbeitnehmern Verstöße gegen das Allgemeine Gleichbehandlungsgesetz (AGG).

3 Allgemeine Regelungen

Das Haftungsrecht für den GmbH-Geschäftsführer konkretisiert sich neben den Generalklauseln in zahlreichen einzelnen Verpflichtungen. Im Rahmen dieser generellen Haftungsregelungen verwirklichen sich nicht selten allgemeine Rechtsgedanken – aus den Grundsätzen von Treu und Glauben stammend.

3.1 Haftungsfalle Vertretungsrecht

Der Geschäftsführer als Organ der Gesellschaft vertritt die Gesellschaft gesetzlich in allen Belangen nach innen und nach außen. Er ist das „Sprachrohr" der Gesellschaft. Für die rechtliche Bewertung gilt dabei das allgemeine Vertretungsrecht. Im Rahmen dessen ist es erforderlich, dass beim Tätigwerden des GmbH-Geschäftsführers die Voraussetzungen für eine wirksame Stellvertretung vorliegen. Bereits hier können dem Geschäftsführer Haftungsrisiken drohen. Das allgemeine Vertretungsrecht setzt für eine wirksame Stellvertretung das Vorliegen von drei Merkmalen voraus:

- Abgabe einer eigenen Willenserklärung
- in fremdem Namen
- mit Vertretungsmacht

Während die erste Voraussetzung praktisch keine besondere Relevanz hat, kann das Tätigwerden in fremdem Namen bereits haftungsträchtig sein. Der Geschäftsführer muss zum Ausdruck bringen, für wen er handelt, und muss dies offenkundig machen. Bei Geschäftsführern, die lediglich eine Gesellschaft vertreten, wird dies regelmäßig dadurch erreicht, dass der Geschäftsführer auf dem Briefpapier der Gesellschaft Erklärungen abgibt. Und dort erscheint bei den Pflichtangaben auch sein Name als vertretungsberechtigtes Organ. Ein Risiko besteht allerdings in den Fällen, in denen der Geschäftsführer die Organschaft für mehrere Gesellschaften zugleich übernimmt, z. B. in Konzernen oder konzernähnlichen Strukturen. Dann muss er zwingend in jedem Einzelfall darauf achten, Erklärungen auch für die „richtige Gesellschaft" abzugeben, also die Gesellschaft, für die er gerade konkret handelt.

Beispiel

Geschäftsführer G ist im A-Konzern Geschäftsführer der Tochtergesellschaften A1-GmbH, A2-GmbH und A3-GmbH. Gegenüber einem Abnehmer erklärt er sich, Zulieferteile zu liefern. In den vertraglichen Dokumenten (Angebot, Bestellung, Auftragsbestätigung, Rahmenvertrag) werden aber unterschiedliche A-Gesellschaften genannt. Alle Dokumente sind unterschrieben von G. Weil das Teil mangelhaft war, kommt es zu einem erheblichen Schaden (Produktrückruf etc.) beim Abnehmer. Da A1, A2 und A3 jeweils eine Haftung wegen der Schäden ablehnen, wird G vom Vertragspartner unmittelbar in die Haftung genommen.

Da der Geschäftsführer vorliegend nicht offenkundig gemacht hat, für wen genau er als Vertreter aufgetreten ist, läuft er Gefahr, über § 164 Abs. 2 BGB persönlich dem Vertragspartner auf Ersatz des entstandenen Schadens zu haften. Dies würde nur dann nicht gelten, wenn sich im Nachhinein eine der Gesellschaften dazu entscheidet, den abgeschlossenen Vertrag „zu übernehmen". Da es allerdings bereits zu einem Schadenfall gekommen ist, wird eine solche Genehmigung unwahrscheinlich sein. Der Geschäftsführer ist bereits im vollen Risiko.

Das gleiche gilt, wenn der Geschäftsführer zugleich aufgrund seiner „Oberordnung" Einfluss auf Tochtergesellschaften nimmt, ohne dort selbst Geschäftsführer zu sein. Er ist in diesem Fall lediglich Gesellschaftervertreter und muss seine Entscheidungen und seinen Willen in Gesellschafterversammlungen einbringen. Regiert er aber in die Tochtergesellschaft hinein, ohne konkret deutlich zu machen, welche Rolle er spielt, droht selbige Gefahr wie soeben beschrieben. Entweder bindet er die falsche Gesellschaft oder er war kompetenzlos unterwegs und trägt ein unmittelbar eigenes Haftungsrisiko. Beides kann seine persönliche Haftung begründen.

Tipp

Der Geschäftsführer hat immer darauf zu achten, dass offenkundig gemacht wird, für wen im konkreten Einzelfall gehandelt wird. Der geschäftsführende Gesellschafter muss stets Abgrenzungen zu „Privatgeschäften" vornehmen und auch zu solchen Erklärungen, die er als Gesellschafter abgibt, mithin in Form eines anderen Organs. Geschäftsführer mehrerer Gesellschaften müssen penibel darauf achten, gegenüber Dritten immer den Zusammenhang zu einer konkreten, betroffenen Gesellschaft herzustellen.

Ein weiteres Risiko kann für den Geschäftsführer bestehen, wenn er seine Vertretungsmacht überschreitet. Problematisiert wird dies im Rahmen der dritten Voraussetzung des Stellvertretungsrechts, nämlich bei der Frage, ob er mit Vertretungsmacht gehandelt hat. Wenn der Geschäftsführer nach außen hin Erklärungen abgibt, hat er als Organ regelmäßig vollständige Vertretungsmacht. Dies bedeutet, dass ein Dritter sich auch auf die Eintragung im Handelsregister berufen kann. Allerdings existieren häufig Einschränkungen der Vertretungsmacht nach innen, wie sie nachfolgend konkret dargestellt werden. Überschreitet der Geschäftsführer diese interne Vertretungsbeschränkung, setzt er sich einem weiteren Risiko aus, auf Schadenersatz in Anspruch genommen zu werden.

Beispiel

G ist Geschäftsführer der A-GmbH. In seinem Anstellungsvertrag heißt es ausdrücklich, dass er nur vertretungsberechtigt ist für sein Ressort, nämlich den Einkaufsbereich. Vertriebsaufgaben sind ausdrücklich ausgeschlossen. Dennoch schließt G einen aus seiner Sicht äußerst günstigen Vertrag zum Verkauf von bestimmten Leistungen der Gesellschaft ab. Der Gesellschaft entsteht durch diesen Vertrag ein erheblicher Verlust.

In diesem Fall ist der Vertrag nach außen hin wirksam, schließlich ist G Geschäftsführer. Aufgrund seiner internen Beschränkung allerdings könnte die Gesellschaft G wegen Überschreitung seiner Vollmacht im Innenverhältnis in Anspruch nehmen. Der Ressortverteilung und genannten Beschreibung von Zuständigkeiten und Grenzen sollte daher besondere Aufmerksamkeit gewidmet werden (vgl. hierzu auch unten S. 34). Dies hat auch das Oberlandesgericht München (Urteil vom 18.4.2018 – Az. 7 U 3130/17) jüngst nochmals bestätigt, in dem es ausführt, dass ein Geschäftsführer seine Kompetenz im Innenverhältnis bei Abschluss eines Mietvertrages überschritten hat. Dort heißt es wörtlich:

Aktuelle Rechtsprechung

„Eine Pflichtverletzung kann nicht mit dem Argument (…) verneint werden, bei Abschluss des Mietvertrages [sei] im wohlverstandenen Interesse [der Gesellschaft] gehandelt worden, weil diese die Mieträume benötigt habe. Handeln im Interesse der Gesellschaft mag im Allgemeinen die Pflichtwidrigkeit dieses Handelns ausschließen; über konkret vertraglich geregelte Pflichten wie die Beachtung von Vertretungsbeschränkungen im Innenverhältnis hilft diese Konstruktion aber nicht hinweg."

Der Geschäftsführer haftet also – auch wenn die Gesellschaft im Ergebnis profitieren kann.

3.2 Beschränkung der Kompetenz und Tätigkeit

Bei sämtlichem Tätigwerden hat der Geschäftsführer zu beachten, dass er sowohl die gesetzlichen, die satzungsmäßigen als auch die vertraglichen Vorgaben einhält. Dies bedeutet konkret: Zunächst hat der Geschäftsführer die Gesetze einzuhalten, was eine Selbstverständlichkeit darstellt. Er hat darauf zu achten, dass die Gesellschaft nicht gesetzeswidrig handelt, und auch darauf, dass die Umsetzung von Gesellschafterbeschlüssen sich stets im Rahmen des Rechts bewegt. In diesem Zusammenhang kommt vor allem der Organisationshoheit des Geschäftsführers besondere Bedeutung zu. Denn wenn zugunsten der tätigen Person als Geschäftsführer regelmäßig davon ausgegangen werden kann, dass dieser selbst keine rechtswidrigen Handlungen vornimmt, so ist er als Organisationsverantwortlicher im Unternehmen dennoch dafür verantwortlich, dass auch die Mitarbeiter dies nicht tun. Insofern hat er hinreichend das Unternehmen so zu organisieren und zu kontrollieren, dass Rechtsverstöße weitestgehend ausgeschlossen sind.

Darüber hinaus muss der Geschäftsführer auch die Satzung, also den Gesellschaftsvertrag, im Detail kennen und beachten. Dies wird in der Geschäftsführerpraxis häufig verkannt. Satzungen/Gesellschaftsverträge enthalten regelmäßig Einschränkungen der Kompetenzen der Geschäftsführung im Verhältnis zu anderen Organen. In diesen Fällen werden dann zumeist die Gesellschafterversammlung und/oder der Aufsichtsrat mit entsprechenden Zustimmungs-, Anhörungs- oder Entscheidungskompetenzen versehen.

Typische Beispiele dafür sind:

- Abschluss von Darlehensverträgen

- langfristige Verträge (z. B. Mietverträge)

- Einstellen von Führungspersonal

- Eingehung von Verträgen mit Gesellschaftern

- allgemeine Wertgrenzen für Verträge etc.

- Grundsatzgeschäfte

- Veränderung der Vertriebswege

- Produktionsverlagerung

- Übertragungen geistiger Schutzrechte

Jeder Geschäftsführer muss sich zu Beginn seiner Tätigkeit und zu jedem Zeitpunkt später mit dem aktuellen Stand der Satzung befassen. Die Satzung gilt als „Marschroute" und roter Leitfaden für die Tätigkeit des Geschäftsführers. Beachtet er diese nicht, läuft er allein wegen eines Satzungsverstoßes Gefahr, unmittelbar in die Haftung genommen zu werden.

Beispiel

Der Geschäftsführer A kennt zwar seine Satzung. Diese enthält aber, weil sie von 1958 ist, ein Zustimmungserfordernis der Gesellschafterversammlung für sämtliche Geschäfte, die einen Wert von DM 20.000 überschreiten.

Dieses Beispiel entspricht bereits insofern der Unternehmenspraxis, weil häufig Satzungen und Gesellschafterverträge nicht angepasst werden, obwohl dies, bei Wertgrenzen allein inflationsbedingt, gelegentlich notwendig wäre. Die Wertgrenze von DM 20.000 mag bei ihrer Verabschiedung hilfreich gewesen sein, engt aber heute jeden Geschäftsführer erheblich ein und befasst die Gesellschafterversammlung mit Themen, die sie möglicherweise selbst gar nicht in ihrer Zuständigkeit haben möchte. Es entsteht eine Art „betriebliche Übung der Missachtung" solcher Vorgaben. Gleichwohl ist dem Geschäftsführer zu empfehlen, diese satzungsmäßigen Vorgaben einzuhalten und parallel auf eine Anpassung an die Unternehmensrealität hinzuwirken. Wenn auch die Überschreitung gelegentlich geduldet wird, kann dem Geschäftsführer im streitigen Einzelfall diese als Haftungstatbestand angelastet werden. Daher sind Satzungsregelungen unbedingt einzuhalten und – soweit der Geschäftsführer erkennt, dass diese nicht mehr zeitgemäß sind – mit dem Vorschlag zur Änderung an die Gesellschafterversammlung heranzutragen und eine Entscheidung herbeizuführen.

Dramatisch ist im Zusammenhang mit den Gesellschaftsverträgen / Satzungen erwachsenen Forderungen die sog. „Geschäftsführer-Trias". In einer Vielzahl von Haftungsfällen antworten Geschäftsführer auf die Frage, was denn in der Satzung stehe, mit:

- Kenne ich nicht.
- Habe ich nicht.
- Bekomme ich (von den Gesellschaftern) nicht.

Gerade in Konzerngesellschaften, in denen die Gesellschaftsverträge z. B. in der zentralen Rechtsabteilung bearbeitet und dokumentiert werden, gilt dies. Ebenso allerdings im patriarchalisch geführten Familienbetrieb. Dort erhält der „Fremdgeschäftsführer" gerne die Antwort, Gesellschafterangelegenheiten gingen ihn nichts an. Beide Handhabungen aber sind falsch. Der Geschäftsführer muss zwingend die Satzung kennen. Sollte er diese nicht von seinen Gesellschaftern erhalten, müsste er – was jederzeit möglich ist – Einsicht in die Handelsregisterakte des Unternehmens nehmen, in der die Satzung enthalten ist. Die Argumente „kannte ich nicht" und „hatte ich nicht" entlasten den Geschäftsführer indes nicht.

3.3 Gesamtzuständigkeit und Delegation

Den Geschäftsführer treffen unzählige Pflichten, von denen im Folgenden die wichtigsten dargestellt werden. Jeden Geschäftsführer trifft dabei zunächst jede einzelne Pflicht. Sind mehrere Geschäftsführer in einer Gesellschaft bestellt, geht das GmbH-Recht von der Allzuständigkeit des „Geschäftsführer-Gremiums" und damit jedes einzelnen Geschäftsführers aus. Es besteht – in Grenzen – die Möglichkeit zur Aufgaben- und Pflichtendelegation.

Beispiel

Eine GmbH hat drei Geschäftsführer, A, B und C. A hat als „Vorsitzender der Geschäftsführung" kein konkretes Ressort, B ist für Finanzen und Personal zuständig, C ist sog. „Technischer Geschäftsführer". Im Rahmen der Geschäftsführer-Sitzung werden aktuelle Zahlen besprochen und es zeigt sich, dass eine Insolvenzlage gegeben ist. C verlässt sich auf B und A, die ohnehin alle kaufmännischen Fragen im Unternehmen entscheiden.

In diesem Fall wäre C ebenso wie A und B in der persönlichen Haftung und Verantwortung im Rahmen der insolvenzrechtlichen Pflichten (hierzu später S. 22). Jeden Geschäftsführer trifft die Pflicht, einen Insolvenzantrag zu stellen, und jeder Geschäftsführer haftet nach § 64 GmbHG für Auszahlungen, die seit dem Zeitpunkt der Insolvenzreife veranlasst wurden. Die Tatsache, „Technischer Geschäftsführer" in Organstellung zu sein, führt nicht dazu, sich auf die Kaufleute blind verlassen zu dürfen. Die Insolvenzantragspflicht ist nicht delegierbar. Grundsätzlich können im Rahmen eines Geschäftsführungsgremiums zwar Aufgaben verteilt werden, auch mit der Konsequenz, dass damit einzelne Geschäftsführer von diesen Aufgaben tatsächlich und haftungstechnisch entlastet werden. Der Geschäftsführer, der die Aufgabe zugewiesen bekommen hat, ist für diese originär verantwortlich. Bei den anderen Geschäftsführern verbleibt es dann bei einer Kontrollfunktion – als wiederum eigenständige Pflicht. Die, die nicht mit der Aufgabe betraut wurden, müssen sich regelmäßig über die Wahrnehmung und Einhaltung der Aufgaben informieren und sofern sie Anhaltspunkte dafür haben, dass diese nicht ordnungsgemäß durchgeführt werden, dies zur Sprache bringen und ggf. Maßnahmen dagegen einleiten.

Beispiel

Wiederum arbeiten Geschäftsführer A, B und C mit gleicher Aufgabenteilung. A und B bemerken, dass im Produktionsbereich massive Verstöße gegen berufsgenossenschaftliche Vorgaben und die Betriebssicherheitsverordnung begangen werden. Sie glauben aber, C werde daran sicherlich arbeiten. Weil dieser derzeit ohnehin überlastet wirkt, sprechen sie ihn darauf auch konkret nicht an. Es kommt zu einem Schadenfall mit Todesfolge, weil Sicherheitsvorkehrungen nicht eingehalten wurden. Die Produktion wird für eine Woche zur Untersuchung stillgelegt.

In diesem Beispiel werden Verantwortlichkeit und Haftung sowohl nach innen als auch nach außen von C wahrscheinlich. Aber auch A und B könnte eine entsprechende Haftung treffen, weil sie als Geschäftsführer zwar eine Aufgabe speziell zugewiesen bekommen haben, sie daraufhin allerdings Überwachungsaufgaben wahrzunehmen hätten. Diese wiederum haben A und B pflichtwidrig nicht wahrgenommen, indem sie die Entscheidung trafen, C auf die ihnen schon bekannte Problematik nicht anzusprechen. A, B und C würden voraussichtlich gemeinschaftlich haften.

Hinweis

Zur Haftungsvermeidung durch Geschäfts- und Ressortverteilung innerhalb eines Geschäftsführungsorgans vgl. auch später S. 30 ff.

3.4 Sorgfalt eines ordentlichen Geschäftsmannes / Beweislast

Nach § 43 Abs. 1 GmbHG haben Geschäftsführer die Sorgfalt eines ordentlichen Geschäftsmannes anzuwenden. Für Pflichtverletzungen bei Missachtung dieses Grundsatzes sind sie verantwortlich. Dabei ist es äußerst schwierig in Einzelfällen herauszuarbeiten, was sich hinter diesem Zusammenspiel zwischen einer Pflichtverletzung und der Sorgfalt eines ordentlichen Geschäftsmannes verbirgt. Während auf einzelne Pflichtverletzungen, insbesondere auch auf die Pflichtverletzung im Zusammenhang mit unternehmerischen (Fehl-)entscheidungen noch später eingegangen wird, ist zunächst auf die Sorgfaltspflicht zu blicken.

Die Formulierung des § 43 GmbHG, dass der Geschäftsführer die Sorgfalt eines ordentlichen Geschäftsmannes anzuwenden hat, beinhaltet sowohl Komponenten in Bezug auf seine Pflichten, vor allem aber ist diese maßgeblich für den Verantwortungsbereich. Übertragen bedeutet dies nämlich zugleich, dass Geschäftsführer nur dann für Pflichtverletzungen haften, wenn sie diese vorsätzlich oder fahrlässig begangen haben. Diese Maßstäbe richten sich wiederum nach allgemeinen Rechtsgrundlagen. Vorsatz bedeutet, einen Schaden mit Wissen und Willen herbeizuführen, Fahrlässigkeit heißt, unter Außerachtlassung der im Verkehr erforderlichen Sorgfalt gehandelt zu haben (§ 276 Abs. 2 BGB). Die Generalklausel des § 43 GmbHG hat damit zwei Komponenten, die zugleich der Rechtsprechung nach unterschiedlich in ihrer Beweislast verteilt sind, wenn es einmal zur Auseinandersetzung kommen sollte:

- Pflichtverletzung – Beweislast Unternehmen
- Verschulden (Vorsatz / Fahrlässigkeit) – Beweislast Geschäftsführer

Bedeutend ist dies in den Fällen, in denen ein Geschäftsführer auf Schadenersatz in Anspruch genommen wird, insbesondere für die Frage der Beweislastverteilung. Die Rechtsprechung nimmt dabei folgende Verteilung vor: Für die Pflichtverletzung als solche muss die Gesellschaft, die den Geschäftsführer in Anspruch nimmt, die gesamten Anhaltspunkte darlegen und beweisen. Ist allerdings (objektiv) eine solche Pflichtverletzung nachgewiesen, hat der Geschäftsführer (subjektiv) den Entlastungsbeweis zu erbringen, dass er mit der Sorgfalt eines gewissenhaften Geschäftsmannes, also weder vorsätzlich noch fahrlässig, gehandelt hat. Dies wiederum hat zur Konsequenz, dass im Hinblick auf spätere Haftungsfälle der Geschäftsführer sorgfältig auch auf die Dokumentation von ihm gefällter Entscheidungen achten sollte, um letztlich seine Entlastung zu erreichen. Die praktischen Auseinandersetzungen in Gerichtsverfahren zeigen, dass es Geschäftsführern häufig nicht gelingt, hier in hinreichender Tiefe entlastendes Material bereitzuhaben. Dies wiederum liegt nicht zwingend an mangelndem Dokumentationswillen, sondern schlicht manchmal an dem Verständnis dafür, was zur Dokumentation notwendig ist. Auch die technischen Möglichkeiten spielen hier eine Rolle: Ist Papier häufigor verfügbar in Kopie, gilt dies für gewechselte E-Mail-Korrespondenz nicht, sobald der Geschäftsführer aus dem Unternehmen ausgeschieden ist.

Mit der Beweislastverteilung setzte sich auch das Oberlandesgericht München nochmals auseinander. In diesem Zusammenhang kam es darauf an, welchen Willen die Gesellschafter denn hatten oder mutmaßlich hatten. Sofern diese nämlich das Verhalten eigentlich billigen und gutheißen würden, wäre eine Haftung des Geschäftsführers nicht begründet. Dies im Einzelfall nachzuweisen, ist indes schwierig, weshalb das OLG München (Urteil vom 09.08.2018 – Az. 23 U 2936 / 17) wörtlich festgehalten hat:

Aktuelle Rechtsprechung

„Im Prozess gegen den Geschäftsführer muss die einen Anspruch nach §§ 43 Absatz 2 GmbHG verfolgende klagende Gesellschaft darlegen und beweisen, dass und inwieweit ihr durch ein möglicherweise pflichtwidriges Verhalten des Geschäftsführers in seinem Pflichtenkreis ein Schaden erwachsen ist, wobei ihr gegebenenfalls die Erleichterungen des § 287 ZPO zu Gute kommen.

Nach der Rechtsprechung des Bundesgerichtshofs wird der Wille einer GmbH im Verhältnis zu ihrem Geschäftsführer grundsätzlich durch ihre Gesellschafter repräsentiert; ein Handeln oder Unterlassen des Geschäftsführers im – auch stillschweigenden – Ein-

verständnis mit sämtlichen Gesellschaftern stellt daher grundsätzlich keine (haftungs-
begründende) Pflichtverletzung im Sinne von § 43 Abs. 2 GmbHG dar (BGH, Urteil vom
07. 04. 2003 – II ZR 193/02)."

Tipp

Da im Einzelfall in Haftungsprozessen der Nachweis anhand von Dokumenten häufig nicht mehr gelingen kann, wenn und soweit der Geschäftsführer bereits ausgeschieden ist, empfiehlt es sich, sich schon vorher von wesentlichen Dokumenten in
wichtigen Angelegenheiten eine Dokumentation im eigenen Zugriff zu schaffen.

Hinweis

Zur Strategie zur Vermeidung von Inanspruchnahmen vgl. auch später S. 29 ff.

3.5 Haftungsrisiko „Unternehmerische Fehlentscheidung"

Neben zahlreichen einzelnen Pflichtverletzungen, auf die noch eingegangen wird, sind
es häufig unternehmerische Entscheidungen, die sich im Rückblick als fehlerhaft herausstellen und möglicherweise zu Verlusten für die Gesellschaft geführt haben. Jeder Geschäftsführer kennt die Situation, dass er auch bewusst einmal Risiken eingehen muss,
um den entscheidenden Schritt weiterzukommen. Diese Risiken gehören zwangsläufig
sogar zum Unternehmertum dazu. Jede unternehmerische Tätigkeit birgt notwendiger-
weise ein Risiko. Hierzu gehört neben dem bewussten Eingehen geschäftlicher Risiken
grundsätzlich auch die Gefahr von Fehlbeurteilungen und Fehleinschätzungen, der jeder
Geschäftsführer ausgesetzt ist.

Beispiel

Der Geschäftsführer des Automobilzulieferers A trifft im Jahr 2007 die Entscheidung,
aufgrund der Profitabilität und Professionalität der Automobilindustrie den Anteil der
Automobilisten unter den Kernkunden von 50 auf 75 % anzuheben. Bis zum Ende
des Jahres 2007 hat er dieses Ziel durch Ausdünnung anderer Kunden erreicht. Mit
Ausbruch der Wirtschaftskrise und dem Einbruch auf dem Automobilmarkt, der über-
durchschnittlich abfällt, tritt das Unternehmen in eine erhebliche Krisensituation ein,
die durch eine breitere Kundenstruktur zumindest abgemildert worden wäre.

Hieran zeigt sich, dass bestimmte unternehmerische Entscheidungen und deren Folgen
möglicherweise nur schwer kalkulierbar sind. Dies gilt auch für den Geschäftsführer,
der in besonderem Maße verantwortungsbewusst handelt. Um den Geschäftsführer in
diesen Fällen, in denen sich ein Risiko tatsächlich auch zu Lasten des Unternehmens
realisiert, nicht in vollen Zügen haftbar zu machen, hat die Rechtsprechung Kriterien entwickelt, wann eine Haftung ausgeschlossen sein soll und wann eine solche durchgreifen

kann. Diese Grundsätze sind für das Aktienrecht mittlerweile sogar in § 93 Abs. 1 Satz 2 AktG in das Gesetz eingefügt worden. Dort heißt es:

§ 93 AktG – Sorgfaltspflicht und Verantwortlichkeit der Vorstandsmitglieder

(1) Die Vorstandsmitglieder haben bei ihrer Geschäftsführung die Sorgfalt eines ordentlichen und gewissenhaften Geschäftsleiters anzuwenden. Eine Pflichtverletzung liegt nicht vor, wenn das Vorstandsmitglied bei einer unternehmerischen Entscheidung vernünftigerweise annehmen durfte, auf der Grundlage angemessener Information zum Wohle der Gesellschaft zu handeln.

Die dieser gesetzlichen Regelung zugrundeliegende Rechtsprechung, namentlich das sog. ARAG-Garmenbeck-Urteil von 1997 (BGH vom 21. 4. 1997 – II ZR 175/95, VersR 1997, 886), führt hierzu aus, dass zunächst Voraussetzung ist, dass der Geschäftsführer sein „unternehmerisches Ermessen nicht überschreitet". Diese Grenzen sind aber in den Fällen überschritten, in denen der Geschäftsführer die „Schwelle eines verantwortungsbewussten unternehmerischen Handelns deutlich" übertritt. Dabei kommt es in der nachträglichen Bewertung nicht auf die Wirtschaftlichkeit der Entscheidung und/oder auf deren Zweckmäßigkeit an. Faktisch führt dies vielmehr dazu, dass das unternehmerische Ermessen dann überschritten ist, wenn einem objektiv Dritten bewusst gewesen wäre, dass diese Entscheidung schlicht nicht mehr im Rahmen verantwortungsbewussten Handelns liegen kann.

Des Weiteren – und hierauf kommt es im gewöhnlichen Geschäftsbetrieb zumeist maßgeblich an – ist Voraussetzung für eine Inanspruchnahme, dass der Geschäftsführer seine Entscheidung nicht auf der Basis angemessener Informationen getroffen hat. Dies wiederum heißt: Ein Geschäftsführer soll nicht „aus dem Bauch heraus" Entscheidungen treffen, sondern soll vor seiner Entscheidung alle Informationen, die erforderlich und geboten sind, um sachgerecht entscheiden zu können, einholen. So muss es ihm möglich sein, Handlungsalternativen abzuwägen, Ungewissheiten für seine Entscheidung aufgrund der eingeholten Informationen zu bewerten, um dann letztlich – das ist seine Kernaufgabe aus unternehmerischer Sicht – eine sorgfältig abgewogene Entscheidung zu treffen. Je risikoreicher oder bedeutender die Maßnahme für die Gesellschaft ist, desto weitergehender sind seine vorgelagerten Informationspflichten. Für einen solchen Abwägungsprozess dienen folgende Aspekte als Anhaltspunkte, allerdings nicht abschließend:

- finanzielle Bewertung
- steuerliche Bewertung
- rechtliche Bewertung
- technische Umsetzungsrisiken
- Gewinn- und Verlustprognose
- Marktanalyse
- Wettbewerbsvergleich
- geographische Markt- und Risikoanalyse (z. B. Krisenländer)

Anhand der damit gewonnenen Informationsbasis muss der Geschäftsführer seine Auswahlentscheidung treffen, die sich wiederum strikt am Unternehmenswohl zu orientieren hat. Nicht maßgeblich ist die Frage, ob dies „tantiemefördernd" ist, den Gesellschaftern in Person dient oder aber sonstige Vorteile hätte. Maßgeblich kommt es nur auf das Unternehmen an. Insbesondere Fremdgeschäftsführer, die mit einem geschäftsführenden Gesellschafter gemeinschaftlich das Unternehmen leiten, haben bei wesentlichen Entscheidungen auch zu ergründen, ob eine Entscheidung nicht überbordend zugunsten der Gesellschafter wirkt.

Beispiel

Der große Automobilzulieferer A übernimmt gesellschaftsrechtlich die Mehrheit bei dem Automobilhersteller B. Dabei erhofft er sich eine gesichertere Auftragslage und ggf. Zugriff auf hilfreiche Informationen. Über die Reaktion der Wettbewerber von B hat der Geschäftsführer G gar nicht nachgedacht. Nach der Übernahme verlängern zahlreiche Wettbewerber von B bestehende Verträge mit A nicht, weil dieser nunmehr auch als Wettbewerber auftritt. A erleidet erhebliche existenzgefährdende Einbußen.

Soweit der Geschäftsführer in diesem Fall bestimmte Parameter in seine Entscheidungsfindung nicht eingebunden hat, kann er aufgrund einer unternehmerischen Fehlentscheidung möglicherweise haftbar gemacht werden. Die Tatsache, dass Kunden ihre Kundenverbindung überdenken, wenn ihnen zugleich Wettbewerb gemacht wird, ist naheliegend und hätte von G bewertet, kalkuliert und in die Entscheidungsfindung eingebaut werden müssen (Marktanalyse, Wettbewerbsvergleich).

4 Haftungsrisiken aufgrund gesetzlicher Pflichten

Neben der unternehmerischen Fehlentscheidung können Geschäftsführer vor allem wegen der Verletzung konkreter Pflichten, die sie von Gesetzes wegen als Organ wahrzunehmen haben, in die Haftung genommen werden. Im Vordergrund stehen dabei die „klassischen gesellschaftsrechtlichen Pflichten" der Geschäftsführer, die teilweise neben § 43 GmbHG in gesonderten Haftungsnormen geregelt sind.

4.1 Erfüllung des tatsächlichen Unternehmensgegenstandes

Zunächst ist es die Pflicht des Geschäftsführers als Organ, eine aktive Geschäftsführung zu betreiben. Hierzu gehört, dass die allgemeinen Verwaltungsaufgaben, die in Zusammenhang mit einer Gesellschaft anfallen, von ihm wahrgenommen werden. Der Geschäftsführer hat also zu beachten, dass die Angelegenheiten der Gesellschaft einen geordneten Gang nehmen, zugleich aber hat der Geschäftsführer die Abgrenzung zum Aufgabenkreis der Gesellschafter zu beachten. Den Gesellschaftern sind über § 46 GmbHG zahlreiche Kompetenzen – als Entscheidungskompetenz – zugewiesen, die eben nicht in den Pflichtenkreis des Geschäftsführers fallen. Hierzu gehören:

- Feststellung des Jahresabschlusses und die Verwendung des Ergebnisses
- Billigung eines Konzernabschlusses
- Einforderung von Einlagen
- Rückzahlung von Nachschüssen
- Teilung, Zusammenlegung, Einziehung von Geschäftsanteilen
- Bestellung und Abberufung von Geschäftsführern sowie deren Entlastung
- Maßregeln zur Prüfung und Überwachung der Geschäftsführung
- Bestellung von Prokuristen und Handlungsbevollmächtigten
- Geltendmachung von Ersatzansprüchen gegen Geschäftsführer sowie Vertretung der Gesellschaft in Prozessen, welche sie gegen den Geschäftsführer zu führen hat

Teilweise sind dies Zuständigkeiten, die dem Geschäftsführer keine weiteren Maßnahmen abverlangen (Feststellung des Jahresabschlusses), teilweise wird damit lediglich die interne Entscheidungskompetenz festgelegt, die dann eine Vollzugspflicht des Geschäftsführers mit Außenwirkung verlangt.

Beispiel

Die Gesellschafter entscheiden, Mitarbeiter B Prokura zu erteilen. Die Gesellschafterversammlung beschließt dies mehrheitlich. Der Geschäftsführer hat dann den B zu informieren und die Prokura für die Gesellschaft zu erteilen.

Daneben hat die Rechtsprechung weitere (ungeschriebene) Zuständigkeiten der Gesellschafterversammlung anerkannt. Diese sind:

- Festlegung Unternehmenspolitik
- Grundlinien der Zusammenarbeit mit Geschäftspartnern
- Umstellung der Vertriebswege
- Verlagerung der Produktion ins Ausland
- Aufnahme neuer Produktgruppen
- Ausgliederung wesentlicher Unternehmensteile
- Gewährung größerer Kredite
- Übertragung der Anteile an einer wesentlichen Schwestergesellschaft
- Maßnahmen gegen den mutmaßlichen Willen der Gesellschafter

Den Geschäftsführer selbst treffen in Ergänzung und Abgrenzung dazu im Einzelnen folgende gesetzliche Pflichten:

4.2   Vollzug von Gesellschafterbeschlüssen

Der Vollzug von Beschlüssen stellt eine besondere Problematik im Spannungsverhältnis zwischen dem Organ Geschäftsführung und dem Organ Gesellschafterversammlung dar. Die Gesellschafterversammlung als Gremium der Eigentümer des Unternehmens hat naturgemäß bestimmte Interessen, die auch unmittelbar – im Gegensatz zur Aktiengesellschaft – in die aktive Geschäftspolitik und Festlegung einer Strategie einfließen können. Der Gesellschafterversammlung steht bei der GmbH gegenüber den Geschäftsführern ein Weisungsrecht zu. Wenn die Gesellschafterversammlung also Beschlüsse fasst, dann muss der Geschäftsführer diese grundsätzlich umsetzen. Dies gilt auch dann, wenn diese gegen seine persönliche strategische Ausrichtung und Überzeugung gefasst werden und er diese möglicherweise sogar für betriebswirtschaftlich falsch erachtet. Der Geschäftsführer hat kein Vetorecht. Vollzieht er Beschlüsse der Gesellschafterversammlung nicht, kann er – soweit ein Schaden dadurch entsteht – von der Gesellschaft in Anspruch genommen werden. Umgekehrt allerdings hat eine solche Weisung für die Geschäftsführer auch Vorteile. Wenn diese eine Weisung der Gesellschafterversammlung umsetzen, sind sie für deren Folgen grundsätzlich nicht haftbar zu machen, wenn der Gesellschaft ein Schaden entstanden ist.

Tipp

Zur strategischen Einbindung der Gesellschafterversammlung vgl. auch S. 32 ff., Strategien zur Haftungsvermeidung.

Trotz der weitgehenden Kompetenz der Gesellschafterversammlung kann und darf der Geschäftsführer nicht „blind" Beschlüsse umsetzen. Er ist immer auch Kontrollinstanz. Er muss zum einen prüfen, ob der Gesellschafterbeschluss ordnungsgemäß zustande gekommen ist, jedenfalls soweit ihm dies möglich ist, und er muss zum anderen prüfen, ob der Beschluss rechtmäßig ist. Rechtswidrige Beschlüsse dürfen vom Geschäftsführer nicht umgesetzt werden. Unternimmt er dies dennoch, wird er selbst haftungspflichtig.

Beispiel

Der Geschäftsführer A erhält vom Gesellschafter G die Anweisung, diesem auf Firmenkosten ein Auto für das Studium seines Sohnes zu leasen. Des Weiteren soll er einen Arbeitsvertrag ausfertigen, nach dem der Sohn 2.000 € monatlich für „Beratungsleistungen" überwiesen bekommt. Tatsächlich soll das studierende Kind allerdings nicht in der Firma tätig sein.

In diesem Beispiel sollte der Geschäftsführer der Weisung des Gesellschafters nicht folgen. Der Beschluss ist rechtswidrig, weil er darauf gerichtet ist, Ausgaben als Betriebsausgaben zu deklarieren, die dies tatsächlich nicht sind. Damit wird eine unzulässige Steuerverkürzung provoziert, der Geschäftsführer verstößt gegen die gesetzlichen Vorgaben des Steuerrechts. Führt der Geschäftsführer diesen Beschluss aus, erfüllt er einen eigenen Haftungstatbestand wegen einer Pflichtverletzung. Zugleich hätte er in diesem Fall nicht mehr die Interessen des Unternehmens gewahrt und damit dem Unternehmenswohl gedient, sondern ausschließlich dem (privaten) Wohle des Gesellschafters. Insbesondere in den Fällen, in denen auf Gesellschafterebene ein deutliches Mehrheits- und Minderheitsverhältnis besteht, ist dies bereits im Verhältnis zu dem oder den Minderheitsgesellschaftern ausgesprochen risikoreich, ganz zu schweigen von der möglichen Strafbarkeit des Handelns. Jedenfalls aber ist darauf zu achten – ungeachtet des Inhalts des Beschlusses – dass eine ordnungsgemäße Beschlussfassung der Gesellschafterversammlung erfolgte.

Insbesondere bei Verstößen gegen die nachfolgenden Tatbestände besteht keine Pflicht zum Vollzug von Beschlüssen, sondern – im Gegenteil – die Pflicht zur Verweigerung der Umsetzung durch den Geschäftsführer:

- Pflicht zur Anmeldung zum Handelsregister
- Buchführungspflicht (§§ 41 GmbHG, 238 HGB)
- Erfüllung der Publizitätspflichten (§§ 325 ff. HGB)
- Erfüllung der Steuerpflichten (§ 34 AO)
- Abführung von Sozialversicherungsabgaben usw.
- Regeln zur Kapitalerhaltung (§§ 30, 31 GmbHG)
- insolvenzrechtliche Pflichten

Innerhalb eines Konzerns muss der Geschäftsführer in diesem Zusammenhang zusätzlich auf folgende Haftungsfallen achten, die durch Weisungen der beherrschten Gesellschaft entstehen können.

Beschränkungen des Weisungsrechts bei

- Weisungen, die sich auf Änderung, Aufrechterhaltung oder Beendigung des Beherrschungsvertrages beziehen (§ 299 AktG)
- Weisungen zur verdeckten Gewinnausschüttung an Dritte
- Weisungen, die gegen zwingende Vorschriften des Konzernrechts verstoßen
- Weisungen, die zu einer Schädigung der Untergesellschaft führen
- Weisungen, die nur den Abzug von Liquidität zum Ziel haben

Tipp

Beschlüsse der Gesellschafterversammlung sollten immer konkret formuliert sein und der Geschäftsführer sollte sich diese schriftlich übermitteln lassen. Soweit Zweifel aufkommen, ob der Beschluss rechtswidrig ist, sollte der Geschäftsführer dies durch fachlich qualifizierte Dritte (Steuerberater, Wirtschaftsprüfer, Rechtsanwälte) bewerten lassen. Bei rein unternehmerischen Entscheidungen ist der Geschäftsführer an die Beschlussfassung der Gesellschafterversammlung gebunden. Umgekehrt muss der Geschäftsführer aber differenzieren, ob die Gesellschafterversammlung bzw. ein Aufsichtsrat ihm lediglich eine „Empfehlung" gegeben hat oder ob es tatsächlich eine Anweisung war. Handelte es sich nämlich nur um eine Empfehlung, bleibt es dabei, dass die getroffene Entscheidung eine solche des Geschäftsführers war, die dann dementsprechend ohne Rücksicht auf die Gesellschafterversammlung zu überprüfen wäre.

4.3   Berichts-, Informations- und Auskunftspflichten

Das Gesellschaftsrecht kennt eine Reihe von Berichts-, Informations- und Auskunftspflichten, die wiederum zumeist auf die Gesellschafterversammlung ausgerichtet sind. So ist der Geschäftsführer zunächst nach § 49 GmbHG verpflichtet, überhaupt eine Gesellschafterversammlung einzuberufen. Diese Pflicht besteht mindestens einmal im Jahr. Dazu kommen die Verpflichtungen zur Einberufung durch den Geschäftsführer, wenn es im Interesse der Gesellschaft erforderlich erscheint oder wenn sich aus der Jahresbilanz oder einer Zwischenbilanz ergibt, dass die Hälfte des Stammkapitals verloren ist. Beruft der Geschäftsführer eine Gesellschafterversammlung nicht in den zwingenden Momenten ein, kann er sich gegenüber der Gesellschaft wiederum schadenersatzpflichtig machen. Dies gilt auch dann, wenn eine Gesellschafterversammlung nicht ordnungsgemäß einberufen wurde. Die Kosten der „Wiederholung" können dem Geschäftsführer angelastet werden.

Tipp 1

Bei der Einberufung der Gesellschafterversammlung ist darauf zu achten, dass diese möglichst mit eingeschriebenem Brief an die korrekten Adressen der Gesellschafter erfolgt. Außerdem ist zu beachten, ob in der Satzung möglicherweise Sonderregelungen geschaffen worden sind, wie und auf welche Art und Weise eine Gesellschafterversammlung einberufen werden kann. Geschäftsführer sollten hier streng formalistisch arbeiten, um formelle Fehler zu vermeiden.

Tipp 2

Wenn der Geschäftsführer erkennt, dass mehr als die Hälfte des Stammkapitals verloren ist, sollte er – auch wenn es unangenehm ist – unter keinen Umständen zögern. In diesem Fall nämlich droht neben zivilrechtlicher Inanspruchnahme auch eine strafrechtliche Verantwortung nach § 84 GmbHG, die selbst bei fahrlässigem Handeln noch mit einer Freiheitsstrafe bis zu einem Jahr oder Geldstrafe belegt sein kann. Der Geschäftsführer sollte nicht versuchen, sich „über die Zeit zu retten".

Hinsichtlich der Formen und Fristen sollte Folgendes als Checkliste beachtet werden:

- Einberufung erfolgt per Einschreiben (Einwurfeinschreiben, Übergabeeinschreiben oder Rückschein).
- Nur falls es der Gesellschaftsvertrag erlaubt, sind andere Einladungsformen (telefonisch, per Telefax, per E-Mail, per Kurier usw.) zugelassen.
- Einberufung ist mit einer Frist von mindestens einer Woche zu bewirken.
- Üblich ist es, in den Gesellschaftsverträgen für die Einberufung mindestens zwei Wochen oder sogar drei bzw. vier Wochen vorzusehen.
- Grund: Die Gesellschafter müssen sich vorbereiten und können einen sog. „Dispositionsschutz" beanspruchen, d. h. die Möglichkeit, sich den Termin freizuhalten.
- Nachgeschobene Tagesordnungspunkte müssen zumindest drei Tage vor der Versammlung per Einschreiben zugegangen sein (oder: Falls der Gesellschaftsvertrag dies erlaubt, telefonisch, per Telefax, per E-Mail usw.).

4.4 Vorlage Jahresabschluss / Lagebericht

Die Geschäftsführer haben nach § 42a GmbHG den Jahresabschluss und den Lagebericht unverzüglich nach Aufstellung den Gesellschaftern zum Zwecke der Feststellung des Jahresabschlusses vorzulegen. Sofern der Jahresabschluss durch einen Abschlussprüfer zu testieren ist, muss dieser zusammen mit dem Lagebericht und dem Prüfbericht des Abschlussprüfers vorgelegt werden. Kommt der Geschäftsführer diesen Pflichten nicht nach, kann er – soweit aus dieser Verzögerung der Gesellschaft Schäden entstehen – hierfür im Regresswege in die Haftung genommen werden. Auch strafrechtlich können bekanntlich nicht ordnungsgemäße Arbeiten am Jahresabschluss relevant werden. Mit Freiheitsstrafe bis zu drei Jahren oder mit Geldstrafe wird bestraft, wer die Verhältnisse der Gesellschaft in der Eröffnungsbilanz oder im Jahresabschluss vorsätzlich so darstellt, dass sie nicht mit der Wirklichkeit übereinstimmen, oder zwar objektiv richtig darstellt, aber aufgrund geschickter Bilanzmanipulation die Gefahr besteht, dass die wirtschaftliche Situation der Gesellschaft unzutreffend beurteilt wird (vgl. auch §§ 264 Abs. 1, 331 HGB).

4.5   Auskunfts- und Einsichtsrecht der Gesellschafter

Nach § 51a GmbHG steht jedem einzelnen Gesellschafter ein umfassendes Auskunfts- und Einsichtsrecht in alle Unterlagen der Gesellschaft zu. Nicht selten haben Geschäftsführer die Intention, Minderheitsbeteiligten keine detaillierten Auskünfte zu geben, oder das Gefühl, dies auch nicht zu müssen. Verweigert er sich aber, kann der Minderheitsgesellschafter ein Auskunftserzwingungsverfahren gem. § 51b GmbHG herbeiführen. Sollte die Verweigerung der Auskunftsgewährung durch den Geschäftsführer rechtswidrig gewesen sein, was in den meisten Fällen anzunehmen ist, haftet der Geschäftsführer persönlich für die Kosten, die der Gesellschaft durch dieses Verfahren entstanden sind. Ausnahmsweise darf der Geschäftsführer nämlich nur dann die entsprechenden Auskünfte verweigern, wenn er Nachweise bzw. zwingende Anhaltspunkte dafür hat, dass der entsprechende Gesellschafter die Informationen zu gesellschaftsfremden Zwecken verwenden möchte und dadurch dem Unternehmen ein nicht unerheblicher Schaden zugefügt werden könnte.

Beispiel

Der mit 5 % an der Gesellschaft beteiligte Gesellschafter A möchte vom Geschäftsführer einen Einblick in sämtliche technischen Zeichnungen und Patentunterlagen erhalten. Tatsächlich ist A wiederum ein Unternehmen, welches im unmittelbaren Wettbewerb mit der Gesellschaft steht.

In diesem Fall sprechen deutliche Anhaltspunkte dafür, dass der Gesellschafter seine Minderheitsbeteiligung dazu nutzen möchte, um Informationen aus der Gesellschaft herauszuziehen und sie in seinem (anderen) Unternehmen nutzbar zu machen. Da die Gesellschaften aber Wettbewerber sind, wäre dies gerade nicht mit seiner Stellung als Gesellschafter in Einklang zu bringen. Er handelt sogar gesellschaftsschädlich. In diesem Fall wäre der Geschäftsführer berechtigt, die Einsicht in die Geschäftsunterlagen nach § 51a Abs. 2 GmbHG zu verweigern. Aber: Der Geschäftsführer müsste auch den entsprechenden Nachweis erbringen!

4.6   Einlagenrückgewähr und Cash-Pooling

Eine besondere und juristisch komplizierte Haftungsregelung stellt die persönliche Haftung des Geschäftsführers für die Rückgewähr von Einlagen an Gesellschafter dar.

Oberste Pflicht eines Geschäftsführers ist aufgrund der haftungsbeschränkenden Funktion der GmbH, dass das Stammkapital als solches, also der Haftungsbeitrag der Gesellschafter, nicht an diese zurückgewährt wird, sondern in der Gesellschaft zur Verfügung steht. Dem liegt zunächst nach § 30 Abs. 1 Satz 1 GmbHG die allgemeine Regel zugrunde, dass das zur Erhaltung des Stammkapitals erforderliche Vermögen der Gesellschaft an die Gesellschafter nicht ausgezahlt werden darf. Dies wiederum bedeutet, dass der Gesellschafter – weder direkt noch auf Umwegen – die von ihm geleistete Stammeinlage nicht zurückerhalten darf. Wenn ein Gesellschafter Zahlungen erhalten hat, die unter dieses Zahlungsverbot fallen, so muss er diese nach § 31 Abs. 1 GmbHG der Gesellschaft erstatten. Wenn die Beträge allerdings nicht erstattet werden, haften primär die übrigen Gesellschafter – soweit es solche gibt – für diesen Anteil nach dem Verhältnis ihrer Anteile (§ 31 Abs. 3 GmbHG). Diese wiederum können nach § 31 Abs. 6 GmbHG den Geschäftsführer, welcher die entsprechenden Zahlungen schuldhaft geleistet hat, persönlich in die Haftung nehmen.

Die verbotene Einlagenrückgewähr an Gesellschafter findet aber nicht nur in Form von Barauszahlungen oder Überweisungen statt, sondern bei allen Sachverhalten, bei denen Gesellschafter Leistungen erhalten, die ihnen nicht oder jedenfalls nicht in dieser Höhe oder in dieser Form rechtlich zustanden. Dies kann z. B. in einer überhöhten und unangemessenen Vergütung an den geschäftsführenden Gesellschafter gesehen werden. Insofern kann auch – je nach buchhalterischer Deklaration – das Beispiel auf S. 21 eine verbotene Einlagenrückgewähr an den Gesellschafter darstellen. In diesem Fall würde ein Verfahren wegen denkbarer Steuerhinterziehung nach § 370 Abgabenordnung (AO) zusätzlich in Betracht kommen.

Ein besonderes Problem in diesem Zusammenhang stellt in den letzten Jahren die immer weiter angewendete Praxis des sog. Cash-Pooling dar. Der Geschäftsführer eines Konzernunternehmens oder anderweitig verbundenen Unternehmens muss die Risiken beachten, bevor er sich dazu entscheidet, in ein Cash-Pooling einzusteigen. Dies gilt auch dann, wenn die Gesellschafter versuchen, ihn zum Beitritt zu drängen oder gar anzuweisen. Der Beitritt zu so einem Cash-Pooling ist eine Geschäftsführungsmaßnahme, über die die Geschäftsführung selbst zu entschließen hat, auch wenn dies von Gesellschafterseite / Konzernseite vorgegeben wird. Sie muss Vorteile und Risiken für ihre Gesellschaft – nicht für den Gesamtkonzern – gegeneinander abwägen. Dabei sind folgende Kriterien regelmäßig zu berücksichtigen:

- günstigere Konditionen gegenüber Guthabenzinsen auf Bankkonten
- günstige Sollzinsen bei Inanspruchnahme eines Bankkonto-Kredits
- Stärkung finanzieller Situation von anderen Unternehmen, mit denen Austauschbeziehungen bestehen
- Verlust der Geschäftsbanken und damit Fähigkeit der eigenen Finanzierung
- Entziehung der für eigene Investitionen benötigten Liquidität
- ggf. ungünstigere finanzielle Konditionen
- ggf. Haftungsverbund, wenn gesamtschuldnerische Haftung für Konzernkredit übernommen wird

Die Einführung eines Cash-Pooling ist nicht automatisch positiv, sondern kann auch ein erhebliches Risiko für die Gesellschaft bergen.

Beispiel

Die A-GmbH ist Muttergesellschaft sowohl der B-GmbH als auch der C-GmbH. A weist beide Tochterunternehmen an, einem von ihr geführten Cash-Pooling beizutreten. Vom Guthabenkonto der B-GmbH werden 500.000 € über das von der A-GmbH organisierte Cash-Pooling der C-GmbH zur Verfügung gestellt, die an einer erheblichen Liquiditätslücke leidet. Die C-GmbH kann die Krise nicht überwinden. Weder die C-GmbH und jetzt auch die A-GmbH können den Betrag an die B-GmbH zurückzahlen. Die C-GmbH fällt mit ihrer Forderung aus.

Haftungsrechtlich ist die Frage zu stellen, wie der Geschäftsführer persönlich für diesen Schaden verantwortlich gemacht werden kann, weil er eine entsprechende Vereinbarung getroffen und die Gelder abgeführt hat. Es greifen die angesprochenen Regelungen über die Kapitalerhaltung nach §§ 30, 31 GmbHG sowie ggf. auch die Regelungen über die Insolvenzhaftung – hierzu auch später – nach § 64 GmbHG. Gegebenenfalls kommt auch ein Binnenverstoß gemäß § 43 GmbHG (vgl. S. 8) in Betracht. Konkret lauten die beiden Spezialvorschriften wie folgt:

§ 30 GmbHG – Kapitalerhaltung

(1) Das zur Erhaltung des Stammkapitals der Gesellschaft erforderliche Vermögen der Gesellschaft darf an die Gesellschafter nicht ausgezahlt werden. Satz 1 gilt nicht bei Leistungen, die bei Bestehen eines Beherrschungs- oder Gewinnabführungsvertrages erfolgen oder durch einen vollwertigen Gegenleistungs- oder Rückgewähranspruch gegen den Gesellschafter gedeckt sind. Satz 1 ist zudem nicht anzuwenden auf die Rückgewähr eines Gesellschafterdarlehens und Leistungen auf Forderungen aus Rechtshandlungen, die einem Gesellschafterdarlehen wirtschaftlich entsprechen.

§ 64 GmbHG – Haftung für Zahlungen nach Zahlungsunfähigkeit oder Überschuldung

Die Geschäftsführer sind der Gesellschaft zum Ersatz von Zahlungen verpflichtet, die nach Eintritt der Zahlungsunfähigkeit der Gesellschaft oder nach Feststellung ihrer Überschuldung geleistet werden. Dies gilt nicht für Zahlungen, die auch nach diesem Zeitpunkt mit der Sorgfalt eines ordentlichen Geschäftsmannes vereinbar sind. Die gleiche Verpflichtung trifft die Geschäftsführer für Zahlungen an Gesellschafter, soweit diese zur Zahlungsunfähigkeit der Gesellschaft führen mussten, es sei denn, dies war auch bei Beachtung der in Satz 2 bezeichneten Sorgfalt nicht erkennbar.

Wenn ein Gesellschafter in einen Cash-Pool-Vertrag einsteigt und damit Zahlungen leistet, die als Stammeinlagenrückgewähr gewertet werden können, haftet er persönlich für die Rückzahlung. Er ist in der Ausfallhaftung verpflichtet, die unzulässigerweise geleisteten Zahlungen im vollen Umfang an die GmbH zurückzuerstatten, und zwar unabhängig davon, ob die Muttergesellschaft insolvent ist oder nicht. Aus diesem Grund – und im Versuch, das Cash-Pooling auf rechtlich sichere Basis zu stellen – enthält § 30 Abs. 1 GmbHG ein (haftungs-)einschränkendes Kriterium, welches eine Leistung an die Gesellschafter als zulässig ansieht, wenn diese durch einen „vollwertigen Gegenleistungsanspruch" gedeckt ist. Hier hat der Geschäftsführer höchste Sorgfalt walten zu lassen bei der Bewertung, ob die Vollwertigkeit eines Gegenanspruchs im Zeitpunkt der

Leistung gegeben ist und – in Zukunft – entsprechend auch erhalten bleibt. Erkennt er, dass sich diese Vollwertigkeit verändert, ist es seine weitere Pflicht als gewissenhafter Geschäftsmann, möglichst zeitnah die Rückführung zu bewirken. Vor der Entscheidung für den Eintritt in ein Cash-Pooling unter dem Blickwinkel der §§ 30, 31 GmbHG sollten Geschäftsführer zwingend rechtlichen und wirtschaftlichen Sachverstand erstmalig zu Rate ziehen, denn die juristische Auseinandersetzung ist noch weiterhin im Gang. Allein auf Weisung einer Obergesellschaft hin, in einen Cash-Pool einzutreten, ohne eine rechtssichere Vertragslage zwischen den Beteiligten, ist für jeden Geschäftsführer mit erheblichen Risiken verbunden.

Zu dieser Stammeinlagenhaftung – hier in Konstellation einer GmbH & Co. KG – hat der Bundesgerichtshof (Urteil vom 09. 12. 2014 – Az. II ZR 360 / 13) wörtlich ausgeführt:

„Bei der GmbH & Co. KG ist eine Zahlung aus dem Vermögen der Kommanditgesellschaft an einen Gesellschafter der Komplementär-GmbH oder einen Kommanditisten eine nach § 30 Abs. 1 GmbHG verbotene Auszahlung, wenn dadurch das Vermögen der GmbH unter die Stammkapitalziffer versinkt oder eine bilanzielle Überschuldung vertieft wird. Wenn der Zahlungsempfänger [auch] Gesellschafter der Komplementär-GmbH ist, ist es für seine Haftung nach § 30 Abs. 1 GmbHG grundsätzlich ohne Bedeutung, ob daneben eine natürliche Person als Komplementär unbeschränkt haftet.

Der Geschäftsführer der Komplementär-GmbH haftet nach § 43 Abs. 3 GmbHG für nach § 30 Abs. 1 GmbHG verbotene Auszahlungen aus dem Vermögen der Kommanditgesellschaft an einen Gesellschafter der Komplementär-GmbH gegenüber der Kommanditgesellschaft.

[…] eine Zahlung aus dem Vermögen der Kommanditgesellschaft an einen Gesellschafter der Komplementär-GmbH oder einen Kommanditisten [ist] eine nach § 30 Abs. 1 GmbHG verbotene Auszahlung […], wenn dadurch das Vermögen der GmbH unter die Stammkapitalziffer sinkt oder eine bilanzielle Verschuldung vertieft wird. […] Das ist die Konsequenz daraus, dass die GmbH als persönlich haftende Gesellschafterin der Kommanditgesellschaft für deren Verbindlichkeiten haftet und entsprechend Passivposten bilden muss. Andererseits kann sie den gegen die Kommanditgesellschaft gerichteten Freistellungsanspruch aus §§ 161 Abs. 2, 110 HGB in ihrer Bilanz aktivieren. Führt eine Leistung der Kommanditgesellschaft an einen Gesellschafter zur Aushöhlung des Vermögens der Kommanditgesellschaft, ist der Freistellungsanspruch der GmbH nicht mehr durchsetzbar und in der Bilanz nicht aktivierbar, sodass eine Unterbilanz bzw. Verschuldung entstehen oder vertieft werden kann.

Der Geschäftsführer haftet gegenüber der Kommanditgesellschaft nach § 43 Abs. 3 GmbHG als Geschäftsführer der Komplementär-GmbH für nach § 30 Abs. 1 GmbHG verbotene Auszahlungen aus dem Vermögen der Kommanditgesellschaft an einen Gesellschafter der Komplementär-GmbH. Der Rückzahlungsanspruch nach § 30 Abs. 1 GmbHG steht […] der Kommanditgesellschaft zu, wenn Zahlungen aus ihrem Vermögen geflossen sind.“

4.7 Haftungsrisiko Insolvenz

Im Zusammenhang mit dem Cash-Pooling ist die Insolvenzhaftung nach § 64 GmbHG bereits kurz angesprochen und skizziert worden. Im Falle einer Insolvenz versucht die Gläubigerseite zwischenzeitlich regelmäßig Zahlungen vom Geschäftsführer persönlich zu erhalten. Denn die Insolvenzverwalter sind mittlerweile hinreichend geschult, einen Blick auf die persönliche Haftung des Geschäftsführers gegenüber der Gesellschaft zu werfen. Dies gilt insbesondere auch deshalb, weil die Ansprüche erst nach fünf Jahren verjähren. Da der Insolvenzverwalter die gesetzliche Aufgabe und Pflicht hat, sämtliche Ansprüche der Gesellschaft zu realisieren und einzuziehen, sind davon auch die Ansprüche der Gesellschaft gegenüber dem Geschäftsführer erfasst. Das Gutachten zu Möglichkeiten der Reform der Organhaftung auf dem Deutschen Juristentag 2014 formuliert sogar, dass der Insolvenzverwalter heute als der schärfste Verfolger von Organverfehlungen angesehen werden kann.

Daher sollte und muss der Geschäftsführer seine Pflichten in der Insolvenzsituation besonders sensibel einhalten. Er muss bei Insolvenzreife der GmbH selbst einen Insolvenzantrag stellen. Dies gilt auch in den Fällen, in denen die Gesellschafter – ggf. sogar per Beschluss – die Anweisung geben, dies nicht zu tun und z. B. versprechen, alsbald Kapital „zuzuschießen". Die Insolvenzantragspflicht resultiert aus der Organstellung auch im Widerspruch zu anderen Gremien der Gesellschaft. Im Gegenteil: Stellt der Geschäftsführer einen notwendigen Antrag nicht, läuft er sogar Gefahr, neben der persönlichen Haftung eine Geld- oder sogar eine Freiheitsstrafe zu erhalten (§ 84 Abs. 1 Nr. 2 GmbHG).

Tipp

Ein Insolvenzantrag ist auch dann erforderlich, wenn bereits ein Gläubiger der GmbH zulässigerweise einen Insolvenzantrag gestellt, das Insolvenzgericht aber noch nicht über den Antrag des Gläubigers entschieden hat. Erst wenn eine Entscheidung des Gerichts getroffen ist, wird der Geschäftsführer aus seiner Antragspflicht befreit. Er muss also bis zu diesem Zeitpunkt beachten, ob Zahlungsunfähigkeit oder Überschuldung vorliegt. Beides sind die Tatbestände, die zur Insolvenzreife führen.

Zahlungsunfähigkeit liegt vor, wenn die GmbH fällige Rechnungen nicht mehr begleichen kann (§ 17 InsO). Dies gilt nur dann nicht, wenn die GmbH vorübergehend zu wenig Geld hat; in diesem Fall spricht man von einer Zahlungsstockung. Allerdings darf die Zahlungsstockung nach der Rechtsprechung nicht länger als drei Wochen andauern. Die Frist darf ausnahmsweise wiederum überschritten werden, wenn in dieser Zeit zumindest 90 % der Rechnungen beglichen wurden. Diese Quote gilt jedoch lediglich mit indizieller Wirkung.

Eine **Überschuldung** liegt vor, wenn das Vermögen der GmbH niedriger ist als die Schulden (§ 19 InsO). Das maßgebliche Vermögen ergibt sich dabei nicht aus der Handelsbilanz, sondern wird in einer speziellen Überschuldungsbilanz festgestellt und ermittelt. Es gilt der sog. **zweistufige Überschuldungsbegriff**. Neben die erforderliche bilanzielle Überschuldung tritt nunmehr die Regelung, dass trotz der dargestellten Über-schuldung kein Insolvenzantrag zu stellen ist, wenn die Fortführung des Unternehmens nach den Umständen überwiegend wahrscheinlich ist. Die Modifikation ist für den vor-übergehenden Zeitraum im Rahmen der Wirtschaftskrise durch Art. 5 des Finanzmarkt-stabilisierungsgesetzes vom 17. 10. 2008 eingeführt worden, um nicht eine noch größere Insolvenzwelle in Gang zu setzen.

Haftungsrechtlich stellt sich die Insolvenzlage für den Geschäftsführer besonders kritisch dar. Leistet er **nach Eintritt der Insolvenzreife** Zahlungen an Dritte, können sowohl der Insolvenzverwalter als auch die Gläubiger von ihm persönlich Schadenersatz verlangen. Allein solche Zahlungen sind erlaubt, die der **Erhaltung der Vermögensmasse** dienen. Dies im Einzelnen sollte aber genau betrachtet werden. Die größten Haftungsrisiken drohen immer wieder, wenn kurz vor dem Insolvenzantrag noch Zahlungen an gute Ge-schäftspartner oder „alte Vertraute" ausgeführt werden. Das Gleiche gilt im Übrigen auch für Zahlungen an Mitarbeiter (vgl. auch unten bei „Sozialversicherungsbeiträge").

Hat der Geschäftsführer selbst Zweifel, ob eine Insolvenzlage vorliegt, kann und sollte er dies durch Dritte prüfen lassen. Nicht ausreichend dabei ist allerdings, wenn er als Dritte sog. Sanierungsberater ansieht, die zumeist von Banken entsandt werden, um das Risiko der Darlehensgeber zu bewerten. Erforderlich ist ein ganz konkreter Auftrag an einen sorgfältig ausgewählten Dritten dergestalt, dass im Auftrag klar formuliert ist, dass es um die Feststellung der Insolvenzreife geht. Nur ein solcher Auftrag und die zeitnahe Bewertung durch den Dritten können den Geschäftsführer auf der Verschuldensebene entlasten.

4.8   Haftungsrisiko Lohnsteuer

Eng verknüpft mit dem Risiko insolvenzrechtlicher Natur ist die Pflicht des Geschäftsfüh-rers, die einbehaltene Lohnsteuer der Mitarbeiter der Gesellschaft richtig zu berechnen, ordnungsgemäß einzubehalten und pünktlich dem Finanzamt gegenüber anzumelden und abzuführen. Unternimmt er das nicht, haftet er den Steuerbehörden gegenüber voll-ständig mit seinem Privatvermögen. Denn nach § 69 AO haftet der Geschäftsführer dem Fiskus gegenüber persönlich für Steuern der Gesellschaft.

§ 69 AO – Haftung der Vertreter

Die in den §§ 34, 35 bezeichneten Personen haften, soweit Ansprüche aus dem Steuerschuldver-hältnis (§ 37) infolge vorsätzlicher oder grob fahrlässiger Verletzung der ihnen auferlegten Pflichten nicht oder nicht rechtzeitig festgesetzt oder erfüllt oder soweit infolge dessen Steuervergütungen oder Steuererstattungen ohne rechtlichen Grund gezahlt werden. Die Haftung umfasst auch die infolge der Pflichtverletzung zu zahlenden Säumniszuschläge.

Tipp

Gegenüber dem Finanzamt haften Geschäftsführer für die Lohnsteuern auf die Löhne, die tatsächlich ausgezahlt wurden. Reicht die Liquidität des Unternehmens nicht aus, sowohl die Nettolöhne auszuzahlen als auch die darauf entfallende Lohnsteuer abzuführen, müssen die Bruttolöhne gekürzt werden. Das zur Verfügung stehende Geld muss also ausreichen, um die niedrigen Löhne und die darauf entfallende Lohnsteuer sowie – hierzu nachfolgend – die Sozialversicherungsbeiträge abzuführen.

4.9 Sozialversicherungsbeiträge

Eine vergleichbare Regelung betrifft die Abführung von Sozialversicherungsbeiträgen. Für den Arbeitnehmeranteil, der auf die Beiträge zu leisten ist, haften Geschäftsführer wiederum persönlich. Anspruchsteller sind dann regelmäßig Krankenkassen, die ihre Beiträge abgeführt sehen möchten. Werden die Sozialversicherungsbeiträge nicht an die gesetzlichen Träger abgeführt, haften Geschäftsführer sowohl persönlich für den den Krankenkassen entstandenen Schaden, nämlich das nicht erhaltene Geld, und haben dies möglicherweise auch strafrechtlich nach § 266a StGB zu verantworten.

Beispiel

November 2014: Das liquide Vermögen der A-GmbH beträgt nur noch 400.000 €. Am 30.11.2014 werden die Gehälter fällig. Insgesamt sind Gehaltszahlungen in Höhe von 560.000 € zu leisten. Da der Geschäftsführer G kurz vor Weihnachten seinen Mitarbeitern möglichst wenig zumuten möchte, zahlt er die liquiden Mittel vollständig an seine Mitarbeiter aus. Sozialversicherungsbeiträge führt er nicht ab. Er glaubt, weil er bereits den Mitarbeitern nicht das volle Gehalt gezahlt hat, hierzu auch nicht verpflichtet zu sein. Schließlich sei nicht mehr Geld vorhanden. Kurz vor Weihnachten stellt er Insolvenzantrag.

Dieser „Klassiker" der Insolvenzhaftung führt dazu, dass der Geschäftsführer selbst persönlich den Sozialversicherungsträgern in Höhe der nicht abgeführten Beiträge haftet.

Tipp

Anders als bei der Lohnsteuer verringert sich der Sozialversicherungsbeitrag durch Herabsetzung der Löhne in den meisten Fällen nicht. Die Beiträge müssen in voller Höhe zur Sozialversicherung überwiesen werden. Hinzu kommt, dass der Anspruch auf Sozialversicherungsbeiträge bereits in dem Zeitpunkt entsteht, in dem der Anspruch des Mitarbeiters auf Bezahlung besteht. Letztlich ist zu beachten, dass sowohl für den Arbeitgeber- als auch für den Arbeitnehmeranteil gehaftet wird.

Wenn allerdings eine positive Fortführungsprognose besteht und lediglich mangelnde Liquidität dazu führt, dass die Sozialversicherungsbeiträge nicht oder nicht pünktlich abgeführt werden können, sollten die Geschäftsführer sich mit den Sozialversicherungsträgern in Verbindung setzen. Allerdings: Geschäftsführer sollten sich mit allen Trägern in Verbindung setzen, was bei einer Vielzahl von Mitarbeitern und Freiheit der Mitgliedschaft in einer gesetzlichen Krankenkasse zu erheblichem Aufwand führen kann. Dort kann dann über Stundungsvereinbarungen o.Ä. verhandelt werden, wenn sicher ist, dass zu einem späteren Zeitpunkt die hinreichende Liquidität wieder vorhanden ist.

5 Die „weichen" Geschäftsführerpflichten

5.1 Geheimhaltungspflicht

Nach § 85 Abs. 1 GmbHG macht der Geschäftsführer sich strafbar, wenn er Betriebs-
oder Geschäftsgeheimnisse der Gesellschaft unbefugt nach außen gibt. Alle Tatsachen
der Gesellschaft, die nicht offenkundig sind oder im Wege von Veröffentlichungspflichten
ohnehin bekannt gemacht werden müssten, unterliegen dieser Geheimhaltung.

Tipp

Die goldene Regel des „Reden ist Silber, Schweigen ist Gold" sollte stets beachtet
werden. Dies gilt auch für die Bereiche, die gerade dem Austausch dienen, wie z. B.
Verbandsveranstaltungen, Fachvorträge, Business-Clubs etc.

5.2 Wettbewerbsverbot

Geschäftsführer haben ihre gesamte Arbeits- und Ideenkraft in den Dienst ihrer Gesellschaft zu stellen. Dies ergibt sich aus der allgemeinen Treuepflicht, die für Geschäftsführer angenommen wird. Der Geschäftsführer darf also nicht für andere Unternehmen
tätig sein, die in direktem oder mittelbarem Wettbewerb mit dem eigenen Unternehmen
stehen. Das beinhaltet auch, dass Erfindungen, die gemacht werden, grundsätzlich der
Gesellschaft zustehen. Zum Wettbewerbsverbot gehört also auch, dass keine eigene
Tätigkeit parallel zur Gesellschaft entfaltet wird.

Beispiel

Der Geschäftsführer G entwickelt in seiner Freizeit eine patentfähige Faser, die auch
seinem Chemie-Unternehmen helfen könnte. Die Gesellschafter wollen allerdings
hierfür keine gesonderte Entlohnung zahlen. G bietet die Faser auf dem freien Markt
zum Verkauf an.

In diesem Fall dürfte G die Faser nicht anderweitig anbieten. Sie steht dem Unternehmen
zu, für das er geschäftsführend tätig ist. Ein anderweitiges Verkaufen wäre eine Pflichtverletzung gegenüber der Gesellschaft.

Tipp

Soweit ein Geschäftsführer innerhalb einer Unternehmensgruppe mehrere Gesellschaften als Geschäftsführer betreut, sollte er schriftlich Klarheit darüber schaffen,
für welche Gesellschaft er welche Aufgaben wahrnimmt, um hier Interessenkonflikte
zwischen den Gesellschaften zu vermeiden.

5.3 Eigengeschäfte

Grundsätzlich verboten sind Verträge, bei denen der Geschäftsführer auf der einen Seite als Individualperson, auf der anderen Seite als Geschäftsführer der Gesellschaft auftritt. Dieses Verbot nach § 181 BGB ist aber durch eine Vereinbarung zu umgehen. Die Entscheidung treffen allerdings die Gesellschafter. Solange entsprechende Vereinbarungen nicht bestehen, sollte der Geschäftsführer darauf achten, keine Eigengeschäfte vorzunehmen, sondern entweder einen Dritten im Unternehmen oder einen Mitgeschäftsführer bitten, für die Gesellschaft aufzutreten. Das Gleiche gilt für Geschäftsführer, die z. B. innerhalb eines Konzerns für mehrere Gesellschaften vertretungsberechtigt sind. Auch in diesem Fall muss der Geschäftsführer um eine Befreiung von dem Verbot nach § 181 BGB ersuchen oder aber auf einer Vertragsseite auf die Vertretung verzichten.

Tipp

Die Befreiung vom Verbot des § 181 BGB sollte im Gesellschaftsvertrag zugelassen sein. Geschäftsführer selbst sollten sich dann durch einen weiteren zusätzlichen Beschluss der Gesellschafterversammlung oder aber im Arbeitsvertrag konkret von diesem Verbot befreien lassen.

6 Die „10 Gebote"

Zusammenfassend lassen sich die Haftungsrisiken des Geschäftsführers anhand seiner Kernpflichten darstellen, die Lutter (vgl. „Gesellschaftsrecht in der Diskussion", 1999, S. 87 ff.) als „10 Gebote an den GmbH-Geschäftsführer" dargestellt hat.

- Einhaltung der Gesetze
- Einhaltung von Satzung und Geschäftsordnung
- Einhaltung der Bestimmungen des Anstellungsvertrages
- Einhaltung von Weisungen der Gesellschafter (soweit gesetzeskonform!)
- ordnungsgemäße Organisation der Gesellschaft
- Kontrolle der Organisation
- regelmäßige Kontrolle von Liquidität und Finanzlage
- laufende Risikobeobachtung und Vermeidung übergroßer Risiken
- Vermeidung (ggf. Offenlegung) aller Konflikte zwischen Interessen der Gesellschaft und Interessen des Geschäftsführers
- sorgfältige Vorbereitung geschäftlicher und unternehmerischer Entscheidungen

7 Strategien zur Haftungsvermeidung

Da Geschäftsführer erheblichen Haftungsrisiken ausgesetzt sind, müssen sie sich zwangsläufig mit Strategien befassen, wie sie dieses persönliche Haftungsrisiko minimieren können. Die Ansätze dazu sind unterschiedlicher Natur. Zum einen können operative Maßnahmen eingeleitet werden, die im weitesten Sinne dem Begriff der „Compliance" unterliegen (vgl. hierzu S. 37 ff.). Zugleich können aber auch faktisch operative Instrumente des Risikomanagements eingesetzt werden und letztlich besteht die Möglichkeit, durch Aufgabenteilung, Delegationen und die Einbindung der Gesellschafterversammlung das persönliche Risiko zu minimieren.

7.1 Risikomanagement

Das GmbHG kennt keine Vorschrift, nach der der Geschäftsführer für ein bestimmtes Risikomanagement verantwortlich wäre. Allerdings ergibt sich ein solches bereits aus der Tatsache, dass es der Sorgfalt eines gewissenhaften Geschäftsmannes entspricht, frühzeitig Risiken zu erkennen, die die Gesellschaft und den Gesellschaftszweck als solchen gefährden. § 91 Abs. 2 AktG kennt eine solche Regelung. Dort heißt es:

§ 91 AktG – Organisation; Buchführung

(2) Der Vorstand hat geeignete Maßnahmen zu treffen, insbesondere ein Überwachungssystem einzurichten, damit den Fortbestand der Gesellschaft gefährdende Entwicklungen früh erkannt werden.

Dieser Grundgedanke ist auf GmbH-Geschäftsführer entsprechend anzuwenden. Konkret bedeutet dies, dass für die Gesellschaft ein Controlling aufzubauen ist, mit dessen Hilfe jederzeit die wirtschaftliche und finanzielle Lage, zugleich auch die Auftragslage und voraussichtliche Liquiditäts- und Umsatzentwicklung erkannt und dokumentiert werden können. Geschäftsführer, die ein entsprechendes System überhaupt nicht implementieren und keinerlei Möglichkeiten haben, „auf Knopfdruck" einen Status über laufende Geschäfte und Risiken zu erhalten, setzen sich der Gefahr aus, wegen dieses Unterlassens persönlich haftbar gemacht zu werden.

Zu diesen Risiken gehören nicht nur die klassischen finanziellen Risiken. Auch muss sichergestellt werden, dass z. B. bei einer erhöhten Anzahl von erkrankten Arbeitnehmern die Fortführung der Gesellschaft weiterhin möglich ist, dass es nicht zu Produktionsausfällen kommt, dass nicht durch erhebliche mangelhafte Zuliefererteile weitergehende Schäden entstehen, dass eine Nachverfolgbarkeit von hergestellten Produkten vorliegt etc.

Im Wesentlichen unterscheidet die Praxis zwischen operativen Frühwarnsystemen und strategischen Frühwarnsystemen. Die operativen Systeme beruhen auf Informationen über Erfolg und Zahlungsfähigkeit eines Unternehmens. Die Instrumente hierfür sind die Bilanzanalyse und Kennzahlenrechnung.

Die strategischen Frühwarnsysteme beruhen auf der Beobachtung des Unternehmensumfeldes. Hierzu gehören dann insbesondere:

- Erstellung entsprechender Risikoanalysen
- Änderungen der gesetzlichen Rahmenbedingungen
- Änderungen der Rechtsprechung
- Zins-, Währungs-, Kredit- und Liquiditätsrisiken
- Nachfrageverhalten der Abnehmer
- Marktentwicklung und Verhalten der Konkurrenten.

7.2 Ressort- und Geschäftsverteilung

Ein erster organisatorischer Schritt zur Haftungsbeschränkung aus der Gesamtzuständigkeit aller Geschäftsführer ist die Ressort- und Aufgabenverteilung. Mit einer solchen Regelung können Geschäftsführer es erreichen, aus der Allzuständigkeit des GmbH-Rechts herauszutreten und für weite Teile eine individuelle Verantwortung des einzelnen Geschäftsführers zu begründen.

Tipp

Die Geschäftsverteilung sollte schriftlich festgehalten werden, dabei klar und deutlich formulieren, welche Aufgaben verteilt werden und welche Verhaltensweisen greifen, wenn es zu Überschneidungen zwischen den Ressorts kommt. Die Geschäftsverteilung muss dazu unbedingt von der Gesellschafterversammlung genehmigt und verabschiedet werden. Denn die Gesellschafter sind es, die in Bezug auf Rechte und Pflichten der Geschäftsführer Eingriffe vornehmen können.

Die Detailtreue von Geschäftsverteilungsplänen ist unterschiedlich. Jedenfalls sollten die Kernressorts zwischen mehreren Geschäftsführern verteilt werden. Zu diesen Kernressorts zählen:

- Einkauf
- Technik
- Vertrieb
- Recht
- Finanzen
- Forschung und Entwicklung
- Personal
- Werks- und Arbeitsschutz, Produktion

In Form eines Organigramms können dann zu jedem Ressort weitere Unterabteilungen hinzugefügt werden, um eine entsprechende Detaildichte zu erreichen, was empfehlenswert erscheint. So kann nämlich bei Verletzungen von Pflichten durch Mitarbeiter in einzelnen Abteilungen zunächst einmal lokalisiert werden, in welche „Struktur" diese Abteilung fiel. Denn Verantwortung und Struktur sollten weitestgehend miteinander einhergehen. Zugleich kann ein solches Organigramm dann einen Mechanismus zur Selbstkontrolle ordnungsgemäßer Organisation durch die Geschäftsführung darstellen. Bei größeren Unternehmen empfiehlt es sich zudem, den Aufgabenbereich der allgemeinen Compliance einem Geschäftsführer zuzuweisen (vgl. hierzu auch S. 37 ff.). Zwar ist die Einhaltung von rechtlichen Bestimmungen – um nichts anderes handelt es sich bei Compliance – Aufgabe jedes einzelnen Geschäftsführers, doch treten besondere Fragen je nach Unternehmen auf, insbesondere in sehr betriebslastigen Organisationen.

Mit der von den Gesellschaftern abgesegneten Aufgabendelegation und Ressortverteilung erreichen Geschäftsführer die Begrenzung ihres persönlichen Haftungsbereiches auf Pflichtverletzungen in ihrem Ressort. In Bezug auf die übrigen Ressorts gilt dann lediglich eine Kontrollpflicht. Flankierend zur Geschäftsverteilung sollte bei mehrköpfigen Geschäftsführungsgremien auch eine Geschäftsordnung geschaffen werden. In dieser ist festzulegen, wie und in welcher Art und Weise sich die Geschäftsführer gegenseitig informieren, in welchem Turnus Geschäftsführersitzungen abzuhalten sind und Entscheidungsprozesse laufen, wann wer zur Entscheidung (mit-)berufen ist etc. Nur dann, wenn der Informationsaustausch organisiert ist – was zur Aufgabe eines jeden Geschäftsführers gehört –, kann jeder einzelne Geschäftsführer seinen Kontroll- und Aufsichtsverpflichtungen nachkommen. Auch insoweit sollten die Gesellschafter durch Genehmigung der Geschäftsordnung eingebunden sein. Gleichfalls sollte geregelt werden, welcher Entscheidungsweg einzuschlagen ist, wenn eine Entscheidung mehrere Ressorts gleichermaßen tangiert.

Ungeachtet der Ressort- und Aufgabenverteilung verbleiben die Kernaufgaben des Geschäftsführers als Organ mit Öffentlichkeitswirkung bei jedem Einzelnen. Hierzu gehören die Insolvenzpflichten:

- Insolvenzantragspflicht
- Pflicht zur Abführung der Steuern der Gesellschaft, der Einkommensteuer und der Sozialabgaben
- Verbot der Stammeinlagenrückgewähr

und weitere gesetzliche Verpflichtungen. Im Kern verbleiben dann ebenso:

- Überwachungspflicht
- Informationspflicht
- ggf. Intervention

Zu den Interventionspflichten – hier am konkreten Beispiel von Auszahlungen an einen Geschäftsführer selbst – führt das Oberlandesgericht München (Urteil vom 22.10.2015 – Az. 23 U 4861/14) sehr transparent und verständlich zu den Pflichtverletzungen einzelner Geschäftsführer aus:

„Besteht Streit, ob eine Zahlung des Geschäftsführers an sich selbst pflichtgemäß war, muss die Gesellschaft nur darlegen, dass der Geschäftsführer auf einen möglicherweise nicht bestehenden Anspruch geleistet hat. Es ist danach Sache des Geschäftsführers, darzulegen und ggf. zu beweisen, dass er einen Zahlungsanspruch

hatte (BGH, NJW 2009, 2598). [...] Das pflichtwidrige Verhalten liegt ferner darin, dass er als Mitgeschäftsführer nicht verhindert hat, dass die Beklagte zu 1) sich selbst mehr Gehalt ausgezahlt hat, als ihr nach dem Anstellungsvertrag zugestanden hätte. Die Geschäftsführer einer GmbH sind kraft ihrer Amtsstellung grundsätzlich für alle Angelegenheiten der Gesellschaft zuständig. Der sich aus dieser Eilzuständigkeit ergebenden Verantwortung jedes Geschäftsführers können sich die Geschäftsführer nicht durch interne Zuständigkeitsverteilung entledigen. Auch bei einer ressortmäßigen Aufteilung bestehen Überwachungspflichten der Geschäftsführer untereinander. Daher haften Geschäftsführer selbst dann, wenn sie gegen pflichtwidriges Handeln der Mitgeschäftsführer nicht einschreiten. [...] Der Beklagte haftet auch auf Schadensersatz nach § 823 Abs. 2, § 266 Abs. 1 StGB. Den Beklagten traf als Geschäftsführer der Klägerin eine Vermögensbetreuungspflicht. Diese bestand auch darin, Schaden durch die Tätigkeit einer Mitgeschäftsführerin von der Klägerin abzuwenden. Der Beklagte handelte vorsätzlich: Er nahm zumindest billigend in Kauf, dass der Beklagten zu 1) ein höheres Gehalt ausgezahlt wurde, als ihr zustand und dadurch die Klägerin geschädigt wurde."

7.3 Information und Einbindung der Gesellschafterversammlung

Die Einhaltung von strengen Informationspflichten wird von Geschäftsführern häufig als Last empfunden. Sie kann aber einen unschätzbaren Vorteil haben. Denn durch die rechtzeitige Einbindung der Gesellschafterversammlung und / oder – soweit ein solcher existiert – des Beirates / Aufsichtsrates kann sich der Geschäftsführer für unternehmerische Fehlentwicklungen und Fehlentscheidungen persönlich enthaften. Voraussetzung ist allerdings, dass überhaupt eine Information der Gesellschafterversammlung über konkret beschriebene Einzelthemen und anstehende Entscheidungen erfolgt.

Tipp

Geschäftsführer sollten – auch unterjährig – in regelmäßigen Abständen Gesellschafterversammlungen einberufen und dieses Gremium über aktuelle Entwicklungen und Fragestellungen informieren. Allerdings kommt die Installation eines Informationssystems in Betracht, durch regelmäßige Berichte o. Ä. Allein die einmalige Einberufung der „Pflichtveranstaltung" ist zwar gesetzlich ausreichend, kann aber dann kaum zu einer Einbindung der Gesellschafter und als Entlastungsmöglichkeit für den Geschäftsführer führen.

In den Fällen, in denen sich Gesellschafter ausdrücklich mit einer geplanten Maßnahme einverstanden erklären und auch alle Hintergründe (und Risiken) für die Entscheidung offenbart erhalten haben, können sie zu einem späteren Zeitpunkt die Geschäftsführer nicht in die Haftung nehmen, falls sich die Maßnahme als unternehmerische Fehlentscheidung herausstellt. Dies gilt erst recht, wenn die Gesellschafter den Geschäftsführer angewiesen hatten, eine bestimmte Maßnahme durchzuführen. Der Geschäftsführer muss diese – soweit nicht gegen ein rechtliches Verbot verstoßend, wie z.B. bei §§ 30 oder 64 Abs. 2 GmbHG – zwingend umsetzen. Im Gegenzug wird er haftungsprivilegiert. Aus diesem Grund werden Gesellschafter allerdings versuchen, außerhalb der satzungsmäßigen Regelung keine operativen Entscheidungen im Einzelfall zu treffen. Die Information der Gesellschafterversammlung als Gremium hat aber außerdem in Vorbereitung einer späteren Entlastung einige Bedeutung. Werden Geschäftsführer von der Gesellschafterversammlung im Rahmen der jährlichen Gesellschafterversammlung entlastet, ist damit zugleich eine Billigung bisher getroffener Maßnahmen und ein Verzicht auf die Inanspruchnahme für Fehlentscheidungen verbunden. Dies gilt aber nur insoweit, als die Gesellschafterversammlung über die Kenntnisse einzelner Pflichtverletzungen und ggf. auch Schäden verfügte.

Tipp

Sobald Geschäftsführer Anhaltspunkte dafür haben, dass getroffene unternehmerische Entscheidungen sich als falsch herausstellen, sollten sie sich nicht scheuen, unverzüglich und umfassend die Gesellschafterversammlung darüber zu informieren. Entscheidet die Gesellschafterversammlung dann zu einem späteren Zeitpunkt über die Entlastung des Geschäftsführers, ist damit zugleich eine Enthaftung verbunden. Entlastet die Gesellschafterversammlung in Kenntnis etwaiger Pflichtverletzungen den Geschäftsführer, bringt sie damit zum Ausdruck, ihn später wegen dieser Pflichtverletzung nicht mehr in Anspruch nehmen zu wollen. Diese Enthaftungsfunktion des Entlastungsbeschlusses gilt aber nicht für Tatbestände, die der Gesellschafterversammlung nicht bekannt waren.

7.4   Vorbereitung und Dokumentation von Entscheidungen

Der Haftung des Geschäftsführers für unternehmerische Fehlentscheidungen liegen zumeist hohe Schäden zugrunde, welche der Gesellschaft entstanden sind. Aus diesem Grund folgen unternehmerischen Fehlentscheidungen dann auch besonders gravierende Inanspruchnahmen der Geschäftsführer. Da eine Inanspruchnahme aber nur erfolgen kann, wenn der Geschäftsführer nicht auf der Basis angemessener Informationen seine unternehmerische Entscheidung getroffen hat (vgl. S. 87), haben Geschäftsführer die Möglichkeit, präventiv durch gute und gezielte Vorbereitung einer unternehmerischen Entscheidung, Haftungsfälle zu vermeiden.

Ein vielfaches Manko in der Schadenspraxis stellt die mangelhafte Dokumentation dar. Selbst wenn der Geschäftsführer alle relevanten Informationen vor seiner Entscheidung eingeholt und möglicherweise diese auch richtig und zutreffend abgewogen hat, müsste er dies im Haftungsfall auch nachweisen können. Dies bedeutet, dass das gesamte Abwägungsspektrum idealerweise schriftlich, zumindest aber in textlicher oder graphischer Form vorliegt.

Zu entsprechender Dokumentation gehören dann auch u. a. folgende Unterlagen:

- Berichte externer Berater (Recht, Steuern etc.)
- bei Unternehmensübernahmen: Due Diligence-Report
- Ergebnisse von Marktanalysen
- Bundesplan
- Organigramm für Verantwortlichkeit der Einzelzuständigkeit
- begründete Beschlussvorlage für Geschäftsführergremium / Gesellschafterversammlung
- Protokoll der Diskussionen vor Beschlussfassung
- Protokoll Beschlussfassung Geschäftsführersitzung / Gesellschafterversammlung

7.5 Ausgestaltung des Geschäftsführervertrages

Denkbar ist, dass Geschäftsführer sich zu Beginn ihrer Tätigkeit von bestimmten Haftungsrisiken freistellen lassen. Soweit dies im Rahmen des Gesetzlichen erlaubt ist, sollte dies aufgrund der Zuständigkeit der Gesellschafterversammlung nach § 46 GmbHG durch die Gesellschafterversammlung, ggf. den zuständigen Aufsichtsrat oder einen Gesellschafterausschuss, soweit ein solcher eingerichtet ist, entschieden werden.

Die Vereinbarung einer vorherigen Haftungsfreistellung ist nicht typisch. Allerdings können Sonderkonstellationen eine solche vertragliche Abrede erforderlich machen. Denkbar ist zum einen, dass der Geschäftsführer im Unternehmen beginnen oder neue Verantwortlichkeiten übernehmen soll, obwohl das Unternehmen insgesamt oder gerade in diesem neu zu übernehmenden Bereich eine besondere Krisensituation durchläuft. In Krisensituationen sind Geschäftsführer schlecht beraten, ohne Sondervereinbarungen in die Verantwortung einzusteigen. Eine andere Konstellation liegt vor, wenn beispielsweise in Familienunternehmen auf Gesellschafterebene unterschiedliche Stämme Fehde führen. Um zu vermeiden, dass der Geschäftsführer als Fremdgeschäftsführer, aber auch als Gesellschafter-Geschäftsführer, zum Spielball von Gesellschafterinteressen wird, kann eine solche Haftungsfreistellung sinnhaft sein. Letztlich ist denkbar, dass für konkrete Einzelgeschäfte, die vom Gesellschafter gewünscht sind, vor denen der Geschäftsführer aber als solcher warnt, eine entsprechende Einzelvereinbarung getroffen wird, wenn auch eine Anweisung sinnvoller wäre.

Tipp

Wichtig ist, dass die Gesellschafter oder ein gemäß Satzung mit Gesellschafter-interessen beauftragtes Gremium einen Beschluss fassen und dieser Beschluss unterschrieben dem Geschäftsführer auch ausgehändigt wird. (Eine entsprechende Beschlussfassung s. S. 35.)

Beispiel

Beschluss der Gesellschafterversammlung der A-GmbH

Unter Verzicht auf sämtliche gesetzlichen oder vertraglichen Form- und Fristvor-schriften haben alle Gesellschafter der A-GmbH heute eine außerordentliche Gesell-schafterversammlung abgehalten. Als einziger Tagungsordnungspunkt stand dabei die nachfolgend aufgeführte Beschlussfassung an.

Beschluss:

Die Gesellschafter beschließen, dass die A-GmbH die als Anlage 1 zu diesem Proto-koll beigefügte Vereinbarung zur Haftungsbeschränkung mit den beiden Geschäfts-führern B und C abschließen soll.

Der Gesellschafter X wird beauftragt und ermächtigt, die entsprechende Vereinba-rung für die Gesellschaft zu unterzeichnen.

Die Anlage, auf die verwiesen wird, wäre sodann die vertragliche Vereinbarung zwischen den Parteien, die neben den typischen vertraglichen Regelungen über Präambel, Er-füllungsort, Gerichtsstand etc. folgende Beispielregelungen zur Haftungsbeschränkung enthalten könnte.

Haftungsbeschränkung:

Die Haftung von B als Geschäftsführer der A-GmbH wird auf die Fälle der vorsätz-lichen Pflichtverletzung beschränkt, soweit dem nicht zwingende gesetzliche Vor-schriften, insbesondere zum Schutz der Gesellschaftsgläubiger, entgegenstehen.

In jedem Fall verpflichten sich die A-GmbH und deren Gesellschafter gesamtschuld-nerisch, die Geschäftsführer

- im Innenverhältnis von sämtlichen Ansprüchen Dritter, die aus einer fahrlässigen Pflichtverletzung der Geschäftsführer resultieren, unverzüglich nach deren Anmel-dung auf erstes Anfordern freizustellen;

- von sämtlichen eigenen Ansprüchen, die aus einer fahrlässigen Pflichtverletzung des Geschäftsführers resultieren, unverzüglich nach deren Bekanntwerden durch Erklärung freizustellen bzw. den Geschäftsführer zu entlasten.

Alle Haftungsansprüche der A-GmbH und/oder deren Gesellschafter sind – soweit dies gesetzlich zulässig ist – von diesen innerhalb von sechs Monaten nach Fälligkeit, im Falle der Beendigung der Organstellung und/oder des Arbeitsverhältnisses jedoch innerhalb von drei Monaten nach Beendigung schriftlich geltend zu machen. Anderenfalls sind die Ansprüche erloschen. Bleibt die Geltendmachung erfolglos, erlöschen die Haftungsansprüche, wenn sie nicht innerhalb einer Frist von zwei Monaten nach Ablehnung der Verantwortung durch B gerichtlich geltend gemacht werden.

7.6 Generalbereinigung

Neben der Entlastung kann beim Ausscheiden als Geschäftsführer auch eine Generalbereinigung dem Geschäftsführer Haftungsentlastung bieten. Während die Entlastung den Geschäftsführer zugleich nur wegen der Gesellschafterversammlung bekannter Pflichtverletzungen enthaftet, führt die Generalbereinigung dazu, dass die Gesellschafter zukünftig sogar darauf verzichten, den Geschäftsführer wegen nicht bekannter Tatbestände in die Haftung zu nehmen.

Tipp

Generalbereinigungsvereinbarungen sind – wie im Übrigen auch Auseinandersetzungs- und Aufhebungsvereinbarungen – von der Gesellschafterversammlung mit dem Geschäftsführer abzuschließen. Ein ausgeschiedener Geschäftsführer sollte es nicht dulden, dass die neue Geschäftsführung für die Gesellschaft die entsprechende Vereinbarung schließt.

Mit einer Generalbereinigung verzichtet nach der Rechtsprechung die Gesellschaft auf sämtliche denkbaren Ersatzansprüche bis zur Grenze des Zulässigen. Eine solche Vereinbarung könnte, wiederum neben den vertragstypischen Bestandteilen im Übrigen wie folgt aussehen, vorausgesetzt, sie beinhaltet auch alle Forderungen und Ansprüche, die der Geschäftsführer noch gegenüber der Gesellschaft hat.

Beispiel

Die Parteien vereinbaren, dass mit dem Abschluss und der Erfüllung dieser Vereinbarung sämtliche zwischen ihnen bestehenden Ansprüche – gleich aus welchem Rechtsgrund, insbesondere vertraglicher und organschaftlicher Natur – erledigt sind. Für den Fall, dass der Geschäftsführer von Dritten in Anspruch genommen wird und diese Inanspruchnahme auf die Tätigkeit des Geschäftsführers als Organ der Gesellschaft zurückzuführen ist, stellt die Gesellschaft den Geschäftsführer im Innenverhältnis auf erstes Anfordern von sämtlichen Ansprüchen frei.

7.7 Versicherungslösungen

Teil präventiver Schadensminimierung kann auch der Abschluss von entsprechenden Versicherungen sein. Hierzu gehört nicht nur die nachfolgend näher dargestellte Versicherung für Geschäftsführer in Funktion ihrer Organschaft (D&O-Versicherung, vgl. S. 42 ff.), sondern insgesamt die Absicherung von Haftungsrisiken für das Unternehmen. Neben den klassischen Versicherungspolicen wie der allgemeinen Betriebshaftpflichtversicherung, bei Herstellerbetrieben der konventionellen oder erweiterten Produkthaftpflichtversicherung, bei Konsumgütern nicht selten der Rückrufkostenversicherung kommen zahlreiche Spezialbedingungen in Betracht. Pflicht des Geschäftsführers und zugleich Maßnahme zur Verhinderung finanzieller Schäden unmittelbar für das Unternehmen ist die Schaffung von versicherungsrechtlichem Deckungsschutz für konkrete besondere Risiken. Zu überdenken sind – neben klassischen Formen wie der Gebäudeversicherung – insbesondere folgende Versicherungslösungen:

- Betriebshaftpflichtversicherung
- Produkthaftpflichtversicherung für Hersteller
- Rückrufkostenversicherung
- Umwelthaftpflichtversicherung
- Umweltschadenversicherung
- IT-Versicherung
- Warenkreditversicherung
- Transportversicherung
- Betriebsunterbrechungsversicherung

7.8 Schaffung eines Compliance-Ressorts

Das Thema „Corporate Compliance" steht seit einiger Zeit auf der Agenda vieler Unternehmen. Eigentlich handelt es sich dabei um eine Selbstverständlichkeit. Denn hinter dem Gedanken der Corporate Compliance oder Corporate Governance steht nichts anderes als die Sicherstellung der Einhaltung gesetzlicher Vorschriften sowie betriebsinterner Regelungen im Unternehmen. Mit der Einrichtung eines Ressorts auf Geschäftsführerebene wird allerdings unternehmensintern eine Sensibilität für dieses Thema bewirkt und dessen Bedeutung für die Unternehmenspolitik gestärkt. Mit Benennung eines zuständigen Geschäftsführers für diese Fragen gelingt es, eine Querschnittfunktion zu schaffen. Hat in traditionellen Unternehmen lediglich der Vorsitzende der Geschäftsführung die Möglichkeit, in unterschiedliche Ressorts „hineinzuregieren", kann es dem für die Corporate Compliance zuständigen Geschäftsführer, dem „Chief Compliance Officer", ebenso ermöglicht werden, in relevanten Punkten den Konflikt mit Mitgeschäftsführern zu suchen. Denn die Compliance-Aufgabe erfasst alle Unternehmensbereiche, wie z. B. Transparenzgebote, bei größeren Gesellschaften die Einhaltung der Corporate Governance-Regelungen, Datenschutz, Exportkontrollen, Produkthaftung, arbeitsrechtliche Fragestellungen, effektive Unternehmensorganisation, Durchsetzung betriebsinterner Regelungen, Vertriebs- und Beschaffungspolitik etc.

Mit der Installation eines Compliance-Ressorts wird eine gesonderte Zuständigkeitsebene eingeführt, was die gegenseitige Kontrolle und Verantwortung innerhalb der Geschäftsführung ein Stück weiter institutionalisiert. Da die Rechtsprechung sich darüber hinaus für den Verantwortlichen in Compliance-Fragen entwickelt und sich weitere Haftungsmaßstäbe andeuten, hat dieser Geschäftsführer ein ureigenes Interesse daran, seine Funktion sorgfältig auszuüben, was zugleich der gegenseitigen Kontrolle und damit der Einhaltung sowohl gesetzlicher Vorschriften als auch der Vorbereitung unternehmerischer Entscheidungen nur dienen kann.

Tipp

Ein Compliance-Ressort ist aber nur dann effektiv, wenn dem zuständigen Geschäftsführer Sonderkompetenzen eingeräumt werden. Er muss Möglichkeiten haben, Verstöße schnell und effektiv zu ahnden bzw. unternehmerische Entscheidungen zu verhindern, die gegen entsprechende Regelungen verstoßen und damit nicht mehr im Rahmen der „Compliance" liegen.

Weit verbreitet und vielfach diskutiert wird seit Beginn der 2000er Jahre das Thema Compliance und die damit verbundenen Haftungsrisiken. Eine Vielzahl von Begriffen und Ordnungsfunktionen wird dabei allerdings immer wieder durcheinandergeworfen. Die Begriffe von „Compliance", „Corporate Governance", „Corporate Compliance" und „rechtssicherer Organisation" werden beliebig ergänzt und verwendet. Im Kern allerdings sind diese im Wesentlichen auf das Gleiche zurückzuführen.

Für die GmbH zumeist nicht relevant ist der „Deutsche Corporate Governance Kodex" (DCGK), weil dieses – noch freiwillige – Regelwerk vor allem für die börsennotierten Aktiengesellschaften gilt. Ausstrahlungsfunktion für die Frage, was Corporate Governance und Compliance-Regeln heute verlangen, hat dieser Kodex dennoch.

Die Verantwortung für Compliance und die Einrichtung eines Compliance-Systems ist originäre Aufgabe der Geschäftsführung. Sie hat Maßnahmen zu erarbeiten, im Unternehmen zu installieren und in einer Art und Weise zu organisieren und letztlich auch so zu überwachen, dass dies mit den gesetzlichen und satzungsmäßigen Vorgaben im Einklang steht. Die Einhaltung staatlichen Rechts, und zwar aller Rechtsordnungen, die für das Unternehmen bzw. dessen unternehmerische Tätigkeit relevant sein können, ist Kernaufgabe der Compliance. Unternehmen, die in Deutschland organisiert sind, wie beispielsweise die GmbH, haben selbstverständlich sämtliche Gesetze der Bundesrepublik Deutschland einzuhalten. Handelt es sich bei dem Unternehmen dann allerdings um eine Vertriebsorganisation, die neben ihrem Heimatmarkt Deutschland z. B. in Indonesien ihre Produkte anbietet, so sind auch und selbstverständlich die in Indonesien vor Ort geltenden gesetzlichen Regelungen für die entsprechenden Tätigkeiten zu beachten. Der vielfach von Geschäftsführern erwähnte Satz, in anderen Ländern sei „etwas üblich", ist zumeist eine Information vom Hörensagen, jedenfalls in den seltensten Fällen begründet und meistens schon gar nicht richtig, weil es auf die „Üblichkeit" nicht ankommt. Entscheidend ist die Frage, was gesetzlich zulässig ist. Die zahlreichen Beispiele der letzten Jahre, in denen gefühlte „Entscheidungshilfen" (Schmiergelder) zulässig waren, fallen zahlreichen Unternehmensleitern heute – soweit noch keine Verjährung eingetreten ist – haftungsrechtlich zur Last.

Damit ist zugleich auch vorgezeichnet, was die hauptsächlichen Haftungsrisiken für Geschäftsführer in diesem Zusammenhang sind.

Die Aufgaben der Geschäftsführung lassen sich kaum auf einzelne Gesetze herunterbrechen. Die Geschäftsführung ist maßgeblich natürlich verpflichtet, beispielsweise Korruptionssysteme zu verhindern bzw. abzuschaffen, kartellrechtliche Vorgaben einzuhalten, Umweltstraftaten zu verhindern und die Arbeitssicherheit im Unternehmen in besonderer Form bei produzierenden Unternehmen zu gewährleisten. Hierfür müssen Organisation und Überwachung sichergestellt werden. Dies bedeutet, dass ein System mit konkreten Zuständigkeiten einzelner Mitarbeiter installiert wird, dass dieses gegenüber der Mitarbeiterschaft zu kommunizieren und letztlich von der Geschäftsführung auch nachzuhalten ist. Damit verbunden wird zugleich, dass jeder neue Mitarbeiter Kenntnis von entsprechenden Regelwerken erhalten muss und tatsächlich auch erkennen kann, dass diese im Unternehmen eingehalten werden.

Soweit Geschäftsführer dieser Verpflichtung nicht nachkommen, besteht die Gefahr, dass sie zum einen haftungsrechtlich vom Unternehmen selbst auf Schadenersatz in Anspruch genommen werden, sobald dem Unternehmen ein Schaden entstanden ist. Denn es ist – wie geschildert – Kernaufgabe der Geschäftsführung als Gremium, sich hierfür verantwortlich zu zeichnen. Des Weiteren besteht die Gefahr, dass gegen die Geschäftsführung, welche diese Maßnahmen unterlassen hat, nach § 130 des Gesetzes über Ordnungswidrigkeiten (OWiG) ein Bußgeld erlassen werden kann.

§ 130 OWiG lautet wie folgt:

Verletzung der Aufsichtspflicht in Betrieben und Unternehmen

(1) Wer als Inhaber eines Betriebes oder Unternehmens vorsätzlich oder fahrlässig die Aufsichtsmaßnahmen unterlässt, die erforderlich sind, um in dem Betrieb oder Unternehmen Zuwiderhandlungen gegen Pflichten zu verhindern, die den Inhaber treffen und deren Verletzung mit Strafe oder Geldbuße bedroht ist, handelt ordnungswidrig, wenn eine solche Zuwiderhandlung begangen wird, die durch gehörige Aufsicht verhindert oder wesentlich erschwert worden wäre. Zu den erforderlichen Aufsichtsmaßnahmen gehören auch die Bestellung, sorgfältige Auswahl und Überwachung von Aufsichtspersonen.

(2) ...

(3) Die Ordnungswidrigkeit kann, wenn die Pflichtverletzung mit Strafe bedroht ist, mit einer Geldbuße bis zu einer Million Euro geahndet werden. Ist die Pflichtverletzung mit Geldbuße bedroht, so bestimmt sich das Höchstmaß der Geldbuße wegen der Aufsichtspflichtverletzung nach dem für die Pflichtverletzung angedrohten Höchstmaß der Geldbuße ...

Insoweit ist es möglich, Bußgeldbescheide sowohl gegen das Unternehmen als auch aufgrund von § 130 OWiG gegen den einzelnen Geschäftsführer zu erlassen. Angesichts des Erfordernisses der Aufgabenverteilung innerhalb der Geschäftsführung sollte daher auch eine Zuständigkeit für die Frage der Compliance-Regelungen klar geschaffen werden (vgl. S. 30 f.).

Gegenüber dem Geschäftsführer kann dies sogar in Form von Ersatzordnungshaft erfolgen, selbst oder gerade dann, wenn die Gesellschaft insolvent ist. Dies hat das Landgericht Leipzig (Beschluss vom 27.02.2015 – Az. 5 O 1161/14 und 5 O 1161/14) wie folgt einmal zu entscheiden gehabt:

„*Die Vollziehung der Ersatzordnungshaft gegen den Geschäftsführer stellt nicht schon deshalb eine unbillige Härte im Sinne von Art. 8 Abs. 2 EGStGB dar, weil die Schuldnerin, die GmbH, zahlungsunfähig war und über ihr Vermögen das Insolvenzverfahren eröffnet wurde (entgegen OLG Köln, OLGZ 89 475). Es entspricht gerade dem Wesen der Ersatzordnungshaft, dass diese nur dann vollzogen wird, wenn das Ordnungsgeld nicht beigetrieben werden kann. [...] Zu berücksichtigen ist aber auch, dass die Ordnungsmittel des § 890 ZPO der zwangsweisen Durchsetzung einer titulierten Unterlassungsforderung auf repressivem Wege dienen und ihnen dementsprechend auch strafende Funktion zukommt. [...] Insoweit ist nicht entscheidend, ob der Betroffene, hier der Geschäftsführer, die GmbH mangels entsprechender Verfügungsbefugnis dazu anhalten kann das Ordnungsgeld zu bezahlen, damit er der Ersatzordnungshaft entgehen kann; es ist alleine darauf abzustellen, ob der Betroffene im Zeitpunkt der Zuwiderhandlung Einfluss auf die geschuldete Unterlassung hatte.*"

Des Weiteren ist zu beachten, dass sich durch die Rechtsprechung des Bundesgerichtshofes andeutet, dass die für Compliance-Themen verantwortliche Person möglicherweise auch eine strafrechtlich relevante Garantenstellung begründen lässt. So ist die BGH-Entscheidung vom 17.7.2009 (Az.: 5 StR 394/08) vielfach zitiert worden, die dies zwar nicht eindeutig statuiert hat, allerdings in Form eines „obiter dictum" (also einer umfassenden Andeutung am Rande einer Entscheidung) vorzeichnet. In diesem Fall ging es um den Leiter des Stabsbereiches Gremienbetreuung und gleichzeitig Leiter der Rechtsabteilung eines Stadtreinigungsbetriebes. Im Rahmen dessen wurden unter Verletzung öffentlich-rechtlicher Vorschriften Entgelte für Straßen, bei denen es keine Anlieger gab, auf alle Anlieger in der Umgebung umgelegt. Eigentlich hätte die Stadt diese Gebühren selbst tragen müssen. Dieser Fehler war bereits früher gemacht, nachdem er bemerkt wurde allerdings nicht für die Zukunft verhindert worden. Um strafrechtliche Verantwortung zu konstruieren – hier Beihilfe zum Betrug durch Unterlassen – bedarf es zunächst einer sog. Garantenstellung. Im konkreten Fall hat der Bundesgerichtshof zwar ein pflichtwidriges Vorverhalten, welches eine Garantenstellung begründen könnte, abgelehnt, sich dann allerdings – insofern obiter dictum – hinreichend ausgelassen zu der Frage, welche Verantwortung denn einen Compliance-Officer trifft. Danach führt er aus, dass derjenige, der einen bestimmten Pflichtenkreis – hier die Compliance – übernimmt, für diesen Aufgabenbereich grundsätzlich auch eine Garantenstellung innehaben kann, jedenfalls dann, wenn ein besonderes Vertrauensverhältnis besteht. Art und Umfang dieses Vertrauensverhältnisses und der Garantenstellung richten sich nach der konkreten Aufgabe und der Zielrichtung der Beauftragung. Der Compliance-Officer habe dabei die Aufgabe, Rechtsverstöße, insbesondere Straftaten, zu verhindern, die aus dem Unternehmen heraus begangen werden oder diesem erhebliche Nachteile durch Haftungsrisiken oder Reputationsgefahren bereiten können. Die Garantenpflicht sei insofern die Kehrseite der Beauftragung. Im konkreten Fall beträfe dies allerdings den Leiter der Rechtsabteilung nicht automatisch. Wenn aber eine Person für Compliance zuständig sei, könne diese eine entsprechende Garantenstellung treffen.

Damit bleibt mit Spannung die persönliche Verantwortung des Compliance-Officers zu erwarten – auch zivilrechtlicher Natur. Für die Praxis zieht sich daraus jedenfalls die Lehre, dass nicht nur die Aufgabe „Compliance" zugewiesen wird, sondern der Geschäftsführer darauf bestehen sollte, dass die Gesellschafterversammlung konkret festlegt, welche Aufgaben eben damit verbunden sind. Einzelaufgaben in diesem Zusammenhang können auch anderen Geschäftsführern übermittelt werden.

7.9   Beirat, Aufsichtsrat, Verwaltungsrat

Da die Gesellschafterversammlung bei der GmbH die Möglichkeit hat, durch Weisungen operativ in die Geschäftspolitik einzugreifen und sogar die Umsetzung von Einzelmaßnahmen von der Geschäftsführung zu verlangen, ist das Organ Gesellschafterversammlung besonders stark. Insofern ist die GmbH nicht mit der Aktiengesellschaft vergleichbar, bei der ein unmittelbares Weisungsrecht gegenüber dem Vorstand fehlt, diese also freier ist und die Hauptversammlung als Eigentümervertretung operativ so gut wie gar keine Befugnisse hat. Der dort existierende Aufsichtsrat als gesetzlich vorgesehenes drittes Gesellschaftsorgan wiederum ist überwiegend mit Überwachungsaufgaben betraut.

Die GmbH als solche kennt nach dem GmbHG den Aufsichtsrat als Pflichtgremium nicht, es sei denn, es handelt sich um eine GmbH mit einer Größe von mehr als 2.000 Mitarbeitern, die nach dem Arbeitnehmermitbestimmungsgesetz dann einen Aufsichtsrat zu installieren hat. Ergänzend sehen viele Kommunalgesetze (z.B. Landesgemeindeordnungen) vor, dass bei der Gründung von Gesellschaften öffentlich-rechtlicher Hand ein Aufsichtsrat zu installieren ist, über den die Rechte der Eigentümer wahrgenommen werden können, z.B. durch Vertreter der gewählten Parlamente. Gewöhnlicherweise allerdings haben Gesellschaften in der Rechtsform der GmbH keinen gesetzlich vorgesehenen Aufsichtsrat.

Gleichwohl ist es weit verbreitet, dass Beiräte, Aufsichtsräte oder Verwaltungsräte installiert werden. Dabei handelt es sich dann allerdings nicht um pflichtmäßige Organe der Gesellschaft, sondern um Gremien, die von den Gesellschaftern freiwillig begründet wurden, wobei die Gründe hierfür durchaus vielfältig sein können. Ob und mit welchen Kompetenzen ein entsprechendes Gremium ausgestattet ist, lässt sich dann der Satzung (Gesellschaftsvertrag) entnehmen. Da existieren sowohl „schwache Aufsichtsgremien" als auch „sehr starke Aufsichtsgremien". Schwach bezeichnet man das Gremium dann, wenn es lediglich beratende Funktionen wahrnimmt und Informationen durch die Geschäftsführung erhalten soll. Stark ist das Gremium hingegen, wenn es mit ausreichenden Kompetenzen aufsichtsrechtlicher, aber auch operativer Natur ausgestattet ist. In diesem Fall übernimmt das Gremium Aufgaben, die im Einzelfall der Gesellschafterversammlung zustünden. Diese Konstruktion wird insbesondere dann gewählt, wenn ein größerer Kreis von Gesellschaftern die Handlungsfähigkeit in der Gesellschafterversammlung nicht hinreichend sicherstellen kann. Dann macht es Sinn, die Aufgaben der Gesellschafterversammlung – jedenfalls soweit es operativ denkbar ist – auf einen Aufsichtsrat / Beirat zu verlegen.

Geschäftsführer müssen dabei insbesondere beachten, was sich aus dem Gesellschaftsvertrag im Einzelnen ergibt. So ist bedeutsam herauszulesen, ob es sich um ein schwaches oder starkes Gremium handelt. Bei starken Gremien ist regelmäßig die Informations- und Kooperationsdichte höher. Zudem muss beachtet werden, ob der Aufsichtsrat die Aufgaben der Gesellschafterversammlung ausschließlich oder neben der Gesellschafterversammlung übernommen hat. Dem Wortlaut vieler Satzungen ist dies nicht eindeutig zu entnehmen. Wenn nämlich keine klare Aufgabenübertragung stattgefunden hat und die Gesellschafterversammlung sich weiterhin für „kompetent" halten darf, so sollten Interessenkonflikte zwischen Beirat / Aufsichtsrat und Gesellschafterversammlung im Regelfall zugunsten der Gesellschafterversammlung gelöst werden. Anderenfalls ist der Beirat / Aufsichtsrat als originärer und vorrangiger Ansprechpartner zu betrachten. Dabei darf allerdings nicht außer Acht gelassen werden, dass auch ein freiwilliger Beirat / Aufsichtsrat jederzeit durch Satzungsänderung von den Gesellschaftern wieder aufgelöst werden kann.

Soweit Geschäftsführer einen starken Beirat / Aufsichtsrat haben, helfen die Informationen an dieses Gremium und die Weisungen von diesem Gremium, um den Geschäftsführer bei Einzelmaßnahmen entsprechend zu entlasten. Insoweit kann auf die Ausführungen zum Verhältnis zu den Gesellschaftern (vgl. S. 32 ff.) verwiesen werden, wobei allerdings gerade bei häufigen Abstimmungen die besondere Mahnung der sorgfältigen Dokumentation an den Geschäftsführer zu gehen hat.

Ungeachtet dessen enthält § 52 GmbHG Regelungen für einen Aufsichtsrat. Danach gelten bestimmte Vorschriften des Aktienrechts für den Aufsichtsrat entsprechend. Diese Regelungen gelten allerdings nur für den fakultativen Aufsichtsrat, also ein Gremium, welches tatsächlich auch Aufsichtsfunktionen und Überwachung der Geschäftsführung zu den Aufgaben zählt.

8   D&O-Versicherung als optimaler Schutz des Privatvermögens

Das nicht zu unterschätzende Risiko von Geschäftsführern, persönlich in Anspruch genommen zu werden und dadurch ggf. sogar existenziell bedroht zu sein, können diese durch den Abschluss einer sog. „D&O-Versicherung" – weitgehend absichern. Das „11. Gebot" des Geschäftsführers sollte daher der Abschluss einer D&O-Versicherung sein. Schon hier sei jedoch erwähnt, dass es unterschiedliche Erscheinungsformen und erst recht abweichende Bedingungsinhalte bei den im Markt erhältlichen D&O-Versicherungslösungen gibt. „Die" so oft beschriebene D&O-Versicherung gibt es also im eigentlichen Sinne nicht.

Bedeutung und Funktionsweise

Bei der D&O-Versicherung handelt es sich um eine sog. Vermögensschaden-Haftpflichtversicherung, die ursprünglich für den US-amerikanischen Markt entwickelt worden ist. D&O ist die Abkürzung für „Directors and Officers" – die Unternehmensleitung anglo-amerikanischer Kapitalgesellschaften, welche in Deutschland weitestgehend Organe und Leitende Angestellte erfasst. Hierzulande haben sich D&O-Versicherungen erst mit der Liberalisierung des Versicherungsmarktes, etwa Mitte der 90er Jahre, durchgesetzt. Eine D&O-Police schützt vorrangig das Privatvermögen des Geschäftsführers oder Vorstands, aber auch das von Aufsichtsrats- oder Beiratsmitgliedern (die nachfolgenden Ausführungen konzentrieren sich jedoch auf die Geschäftsführung). Einfach formuliert handelt es sich um eine „Berufshaftpflichtversicherung für Geschäftsführer". Versicherungsnehmer bei der am häufigsten anzutreffenden Unternehmens-D&O-Deckung ist das Unternehmen (z. B. die GmbH) – die Rechte aus dem Vertrag stehen aber den versicherten Organmitgliedern (z. B. Geschäftsführer) zu. In der Praxis sind überwiegend die sog. Innenhaftungsansprüche, also die Ansprüche des eigenen Unternehmens gegen das jeweilige Organmitglied, mit über 80 % aller D&O-Schadenfälle einschlägig. Unter Verweis auf den Haftungsteil wird deutlich, dass Geschäftsführer durch strenge Gesetze und einer damit einhergehenden Rechtsprechung großen Haftungsrisiken ausgesetzt sind. Fälle der Geschäftsführerhaftung sind deshalb schon lange keine Ausnahme mehr und betreffen gleichermaßen auch mittelständische Unternehmen. Die aktuellen wirtschaftlichen Entwicklungen zeigen, wie wichtig dementsprechend guter Versicherungsschutz ist, sodass die Nachfrage nach D&O-Versicherungen weiter zugenommen hat. So hat sich vor allem im Mittelstandsgeschäft ein harter Wettbewerb unter mehr als 20 Anbietern entwickelt, der dazu geführt hat, dass extrem weitgehende D&O-Bedingungen auf eher als niedrig zu bezeichnende Versicherungsprämien treffen. Eine Trendwende ist schon erkennbar, da mit einigen spektakulären Großschäden in diesem Segment verstärkt die Frage nach der Wirtschaftlichkeit des Produktes aufgekommen ist. Die Frage nach „Fluch oder Segen" sollten Geschäftsführer aber ganz klar zugunsten einer entsprechenden D&O-Versicherung beantworten. Denn richtig verstanden dient dieses Produkt der eigenen Existenzabsicherung. Hinzu kommt der Bilanzschutz-Aspekt für die versicherungsnehmende Gesellschaft. Bei D&O-Schadenfällen handelt es sich um „Katastrophenschäden", d. h. es geht in den meisten Fällen um Ansprüche in Millionenhöhe.

Hier wird sofort deutlich, dass die Gesellschaft auch ein eigenes Interesse am Abschluss einer D&O-Versicherung hat, da der einzelne Geschäftsführer häufig nicht in der Lage sein wird, derart hohe Schadenersatzansprüche mit eigenen Mitteln ausgleichen zu können. Dieses Unternehmensinteresse wird zusehends größer, da in aktuellen D&O-Bedingungswerken immer häufiger sogar auch Eigenschadenkomponenten (s.14.3.) zugunsten der versicherungsnehmenden Gesellschaft aufgenommen werden.

Die D&O-Versicherung hat jedenfalls über die Jahre den Status einer unerlässlichen Versicherungslösung für Unternehmensleiter erlangt.

Damit ein Geschäftsführer hiervon tatsächlich auch profitieren kann, sollte die unternehmensseitige Verpflichtung zum Abschluss einer D&O-Versicherung bereits im Dienstvertrag ausdrücklich geregelt werden, wobei zu empfehlen ist, dass die entsprechende Vertragsklausel möglichst präzise gefasst ist und nicht durch Begriffe wie „angemessen" oder „üblich" Auslegungsprobleme verursacht werden.

Tipp 1

Konkretisieren Sie den dienstvertraglichen Anspruch auf eine D&O-Versicherung: „Der Geschäftsführer hat Anspruch auf den Abschluss einer D&O-Versicherung mit einer Versicherungssumme von mindestens … Mio. € je Versicherungsperiode." Der Versicherungsschutz soll die Innen- und Außenhaftung umfassen und hinsichtlich des Verschuldensgrades ausschließlich wissentlich begangene Pflichtverletzungen vom Versicherungsschutz ausschließen. Es sollte eine unbegrenzte Rückwärtsversicherung und eine zumindest 5-jährige Nachmeldefrist vereinbart werden. Sofern der Versicherungsvertrag einen nicht zwingend gesetzlich vorgeschriebenen Selbstbehalt vorsieht, hat die Gesellschaft die hiervon betroffene versicherte Person jeweils freizustellen.

Tipp 2

Sollte Ihr Dienstvertrag eine Regelung der Verpflichtung zur Verschaffung von D&O-Versicherungsschutz bislang nicht beinhalten und beabsichtigen Sie, eine solche nachträglich in den Dienstvertrag aufzunehmen, dann achten Sie darauf, dass ein entsprechender Beschluss der Gesellschafterversammlung vorliegt bzw. eingeholt wird.

Tipp 3

Sie sollten sich auch rechtzeitig eine Kopie des Versicherungsvertrages aushändigen lassen – spätestens mit Ihrem Ausscheiden aus der Gesellschaft. Sonst sind Sie im Schadenfall darauf angewiesen, dass die – ggf. sogar den Anspruch erhebende Gesellschaft – Ihnen zeitnah eine Vertragskopie zur Verfügung stellt. Anderenfalls laufen Sie somit Gefahr, wegen Unkenntnis möglicherweise vertragliche Obliegenheiten zu verletzen und damit den Versicherungsschutz zu gefährden. Auf die Sinnhaftigkeit des Abschlusses einer persönlichen D&O-Versicherung, insbesondere bei Ausscheiden aus der GmbH, wird an entsprechender Stelle noch eingegangen.

Der D&O-Markt stellte sich in den letzten Jahren als sehr volatil dar, sodass die Entwicklung in den nächsten Jahren sowohl bedingungs- als auch prämienseitig kaum prognostizierbar ist. Aktuell ist lediglich erkennbar, dass die Versicherungsprämien allmählich steigen. Inwieweit die D&O-Anbieter den jeweils nachgefragten, bedarfsgerechten Versicherungsschutz abbilden können und wie deren jeweilige Herangehensweise bei der Schadenbearbeitung ist, stellt ein wesentliches Qualitätsmerkmal einer D&O-Versicherung dar. Denn nur mit einem kompetenten Versicherer kann eine risikoadäquate D&O-Police konzipiert und eine Eskalation im Schadenfall vermieden werden.

Die sehr weitgehende persönliche Haftung wurde im Haftungsteil ausführlich dargestellt – die D&O-Versicherung stellt somit ein wesentliches Element zur Sicherung der unternehmerischen Handlungsfreiheit von Geschäftsführern dar. Dementsprechend machen auch immer mehr Geschäftsführer das Thema „Schutz des Privatvermögens durch eine D&O-Versicherung" zur Chefsache. Da es im deutschen Markt keine durchsetzbaren Standard-D&O-Bedingungen gibt, ist die kostengünstigere Alternative meist nicht die bessere Wahl.

Tipp

Inhalt und Umfang der D&O-Police sollten Chefsache sein! Es empfiehlt sich die Hinzuziehung eines versierten Versicherungsvermittlers. Auch die Kompetenz und Kapitalstärke des Versicherers sind von Bedeutung, weil diese zwingende Voraussetzung für die Kontinuität der Vertragsbeziehung sind. Aufschlussreich kann auch die Frage an den Versicherer sein, ob er offen gegenüber alternativen Streitbeilegungsmöglichkeiten ist.

Es ist unerlässlich, dass zwischen der jeweiligen versicherten Person, also insbesondere dem Geschäftsführer, und dem Versicherer eine solide Vertrauensbasis vorhanden ist. Der Geschäftsführer sollte dem Versicherer daher im rechtlichen Rahmen alle Informationen geben können, die erforderlich sind, um das größte Verständnis für das zu versichernde Risiko zu erhalten. Inwieweit der Geschäftsführer sich für die Weitergabe der Informationen eine Genehmigung der Gesellschafterversammlung einholen sollte, wenn die Daten nicht publik sind, ist vom Einzelfall abhängig. Grundsätzlich ist aber jedem Geschäftsführer zu empfehlen, die Gesellschafterversammlung einzubinden. Der Versicherer sollte seinerseits deutlich machen, dass er anhand der gewonnenen Informationen den entsprechend darstellbaren, bedarfsgerechten Versicherungsschutz abbilden und die erhaltenen Informationen vertraulich behandeln wird.

9   Informationsbedarf des Versicherers

Um den optimalen Versicherungsschutz anbieten zu können, ist es für die Risikoprüfung und damit auch für die Ermittlung der individuellen Versicherungsprämie sinnvoll, dass der Versicherer einen umfassenden Eindruck von dem zu versichernden Unternehmen und dessen Geschäftsführung erhält. Hierzu bedarf es ggf. Informationen aus Fragebögen, aus allgemein oder speziell zugänglichen Datenquellen, der Analyse des Unternehmensprüfberichtes und – insbesondere bei hohen Versicherungskapazitäten – auch eines persönlichen Gespräches mit den betreffenden Personen der Geschäftsführung.

Tipp

Vor Vertragsabschluss ist regelmäßig zu erklären, dass der Geschäftsführung keinerlei Pflichtverletzungen bekannt sind, für die eine Inanspruchnahme in Betracht kommt. Verschweigt oder „filtert" der Geschäftsführer diese Tatbestände vorvertraglicher Anzeigepflichten, kann der Versicherer vom Vertrag zurücktreten oder diesen sogar anfechten. Der Versicherungsschutz ist damit insgesamt gefährdet.

10 Bemessung der „richtigen" Versicherungssumme

Eine wichtige Frage bei der Gestaltung von D&O-Versicherungsschutz ist die nach der jeweils risikoadäquaten und damit „richtigen" Versicherungssumme. Hierzu gibt es eine Vielzahl von Ansätzen, die aber nur als Hilfestellung bei der Bemessung der Deckungssumme herangezogen werden können. Die 100-prozentig zutreffende Versicherungssumme wird man erst im Schadenfall realisieren. Anhaltspunkte können aber z. B. die Bilanzsumme oder der Umsatz sein, wobei als Faustregel gilt, dass die Versicherungssumme diese Summen grundsätzlich jedenfalls nicht übersteigen sollte. Im Übrigen sind auch die Kapazitäten der einzelnen Versicherer begrenzt, wobei jedoch Versicherungssummen von beispielsweise bis zu 30 Mio. € je Vertrag im Mittelstandssegment in den meisten Fällen auskömmlich und auch üblich sein dürften. Sofern im Einzelfall ein darüber hinausgehender Absicherungsbedarf bestehen sollte, ist dies grundsätzlich im Wege von Mitversicherungs- oder Exzedentenlösungen darstellbar. Zudem finden sich heutzutage nicht selten mindestens zweifach maximierte Versicherungssummen bzw. Wiederauffüllungsoptionen in den gegenständlichen D&O-Bedingungswerken, sodass nach Erschöpfung der Versicherungssumme für einen weiteren Schadenfall in derselben Versicherungsperiode eine „frische" Versicherungssumme gegen Mehrprämie zur Verfügung gestellt wird.

11 D&O-Versicherung ist kein geldwerter Vorteil

Fraglich ist, ob die von der Gesellschaft entrichteten Beiträge für eine D&O-Deckung von dem versicherten Geschäftsführer als geldwerter Vorteil zu versteuern sind oder ob die Gesellschaft den D&O-Vertrag schon aus „Bilanzschutz -Aspekten" im überwiegend eigenbetrieblichen Interesse abschließt. Zunächst behandelte die Finanzverwaltung die für einen Arbeitnehmer gezahlte Versicherungsprämie wegen dessen persönlichen Interesses am Abschluss einer solchen Police als steuerpflichtigen Arbeitslohn. Im Anschluss an eine gemeinsame Eingabe der neun Spitzenverbände der deutschen Wirtschaft zu dieser Thematik ist das Bundesministerium der Finanzen bei Vorliegen bestimmter deckungsspezifischer Voraussetzungen hiervon wieder abgerückt. Danach geht das BMF nach wie vor davon aus, dass D&O-Versicherungen im überwiegenden Interesse des Betriebes abgeschlossen werden und damit kein geldwerter Vorteil auf Seiten der versicherten Personen gegeben ist (Schreiben des Bundesministeriums der Finanzen vom 24.1.2002, Az.: IV C 5 – S 2332–8/02). Dieses Ergebnis entspricht im Übrigen der Entscheidungslage in den meisten anderen europäischen Ländern.

Tipp

Versicherungsnehmer einer Unternehmens-D&O-Police ist immer die Gesellschaft. Sie trägt also auch die Beiträge für den Versicherungsschutz. Obwohl die Versicherung dem Geschäftsführer zugutekommt, zahlt dieser üblicherweise dafür aber keine Lohnsteuer.

Es ist jedoch darauf zu achten, dass grundsätzlich keine derart höchstpersönlichen Deckungselemente, wie etwa die nicht angemessen befristete Gehaltsfortzahlung aufgenommen werden, die hier die Diskussion neu entfachen könnten.

12 Selbstbehalt und Versicherungslösungen

Mit Inkrafttreten des VorstAG am 5. August 2009 wurde der § 93 Absatz 2 AktG durch den folgenden Satz 3 ergänzt:

„Schließt die Gesellschaft eine Versicherung zur Absicherung eines Vorstandsmitglieds gegen Risiken aus dessen beruflicher Tätigkeit für die Gesellschaft ab, ist ein Selbstbehalt von mindestens 10 Prozent des Schadens bis mindestens zur Höhe des Eineinhalbfachen der festen jährlichen Vergütung des Vorstandsmitglieds vorzusehen."

- Betroffen sind Vorstände von Aktiengesellschaften. Der Deutsche Corporate Governance Kodex hatte in seiner vorherigen Fassung eine „angemessene" Selbstbehaltsregelung sowohl für den Vorstand als auch den Aufsichtsrat bei Abschluss einer D&O-Versicherung vorgesehen. Nach Inkrafttreten des VorstAG wurde diese Sollvorschrift entsprechend dem Gesetzeswortlaut an den neuen Pflichtselbstbehalt angepasst. Die Vereinbarung eines Selbstbehalts ist nach dem VorstAG also nur bei Vorstandsmitgliedern einer Aktiengesellschaft bzw. einer Gesellschaft, auf die das deutsche Aktiengesetz Anwendung findet, verpflichtend. Der Public Corporate Governance Kodex des Bundes sieht aber für Gesellschaften in überwiegender Bundesbeteiligung in Ziffer 3.3.2 vor, dass ein derartiger Selbstbehalt auch für die Mitglieder der Geschäftsleitung von Unternehmen in anderer Rechtsform vereinbart werden soll. Zudem sieht der Deutsche Corporate Governance Kodex in der aktuellen Fassung in Ziffer 3.8 vor, dass in einer D&O-Versicherung für den Aufsichtsrat ebenfalls ein entsprechender Selbstbehalt vereinbart werden soll.

Da die Richtlinien zu verantwortungsvoller Unternehmensführung börsennotierter Unternehmen somit auch von nicht börsennotierten Aktiengesellschaften oder von Gesellschaften in überwiegender Bundesbeteiligung angewandt werden sollen, werden auch für die Organmitglieder dieser Gesellschaften entsprechende Versicherungslösungen angeboten. Der Versicherungsmarkt bietet insbesondere zwei Lösungsansätze zur Absicherung des Pflichtselbstbehalts. Bei dem sog. Anrechnungsmodell handelt es sich um eine Versicherung, bei der die Absicherung des Selbstbehaltes auf die Versicherungssumme der D&O-Unternehmenspolice angerechnet wird. Diese Lösung könnte als Umgehung des eigentlichen Steuerungszweckes gesehen werden. Die unter Compliance-Aspekten bevorzugte Versicherungslösung bietet zur Absicherung des Pflichtselbstbehalts eine eigenständige Versicherungssumme. Die Deckungssumme der D&O-Versicherung bleibt danach unangetastet.

Die Versicherer gewähren dem Versicherungsnehmer (Geschäftsführer / Vorstand / Aufsichtsrat) im Rahmen der Selbstbehalt-Deckung Versicherungsschutz, wenn und soweit ihm also nur deshalb kein Versicherungsschutz aus der im Versicherungsschein bezeichneten D&O-Versicherung zusteht, weil darin ein Selbstbehalt vereinbart ist.

Tipp

Sofern auch Selbstbehalte aufgrund der Empfehlungen gem. Ziffer 3.3.2 PCGK oder Ziffer 3.8. DCGK berücksichtigt werden sollen, sollte die versicherte Tätigkeit wie folgt formuliert und die Organtätigkeit konkret im Versicherungsschein ausgewiesen werden:

„Versichert ist die Tätigkeit des Versicherungsnehmers als Mitglied des im Versicherungsschein dieser persönlichen Selbstbehaltsversicherung genannten Organs bei der im Versicherungsschein genannten Gesellschaft."

13 Keine Standardisierung von D&O-Bedingungswerken

D&O-Versicherungen bieten keinen standardisierten Versicherungsschutz, sodass sich die im deutschen Markt angebotenen Policen auch nicht unerheblich unterscheiden. Es kann insoweit, anders als bei den meisten anderen Versicherungszweigen, nicht von einem einheitlichen Bedingungswerk ausgegangen werden.

Hinzu kommt, dass die D&O-Versicherer bei der Gestaltung des Umfanges des Versicherungsschutzes neben ihren jeweiligen allgemeinen Bedingungen dem Vertragswerk üblicherweise auch sog. besondere Vereinbarungen zugrunde legen. Der „Teufel" steckt hier im Detail, sodass die Besonderheiten des jeweiligen Bedingungswerkes, aber selbstverständlich auch die Art und Weise der Schadenbearbeitung, maßgeblich den Wert einer D&O-Deckung bestimmen. Eindeutige Vorteile für die zu versichernden Personen und die Versicherungsnehmerin bieten deshalb klare und transparente Bedingungsinhalte. Einige Anbieter verfügen zudem über einen Katalog von zahlreichen „Besonderen Vereinbarungen", was die Qual der Wahl bezüglich des richtigen Anbieters nicht erleichtert. Die bedeutendsten Vereinbarungen werden im Rahmen der nachfolgenden Bedingungserläuterung Erwähnung finden.

Anhand von wesentlichen Eckpunkten aus dem bereits aus der Vorauflage bekannten Bedingungswerk eines etablierten D&O-Anbieters werden exemplarisch die „Für und Wider" einzelner Bedingungsinhalte verbunden mit einem Marktupdate aufgezeigt.

14   Darstellung wesentlicher D&O-Bedingungsinhalte

14.1   Versicherungsfall

Der Versicherer gewährt den versicherten Personen – im gesetzlichen Rahmen – weltweit Versicherungsschutz für den Fall, dass sie wegen einer Pflichtverletzung aufgrund gesetzlicher Haftpflichtbestimmungen erstmals schriftlich auf Ersatz eines Vermögensschadens in Anspruch genommen werden.

Dies gilt darüber hinaus auch für eine Inanspruchnahme aufgrund vertraglicher Haftpflichtbestimmungen, soweit diese nicht über den Umfang gesetzlicher Haftpflichtbestimmungen hinausgehen.

2016 hat sich der 4. Zivilsenat mit der Frage beschäftigt, ob bei der Inanspruchnahme im Innenverhältnis das Merkmal der „Ernstlichkeit" Voraussetzung für den Versicherungsfall ist. Konkret geht es darum, ob bei Innenhaftungsfällen der D&O-Versicherungsfall neben einem förmlichen Anspruchsschreiben auch die „Ernstlichkeit" der Inanspruchnahme voraussetzt. Der BGH hat hierzu entschieden, dass die schriftliche Inanspruchnahme alle Erfordernisse erfüllt, um den bedingungsgemäßen Versicherungsfall auszulösen. Der Eintritt eines Versicherungsfalls dürfe deshalb insbesondere nicht mit der Begründung verneint werden, es fehle an einer „ernstlichen" Inanspruchnahme der versicherten Person. Damit hat der BGH ganz deutlich gemacht, dass es für den Versicherungsfall bei D&O-Innenhaftungsfällen keine weiteren (ungeschriebenen) Voraussetzungen gibt, was im Ergebnis zu begrüßen ist (ausführliche Urteilsbesprechung s. Held, jurisPR-Compl 4/2016 Anm. 5).

14.2   Erweiterter Vermögensschadenbegriff

Vermögensschaden ist jeder Schaden, der weder Personenschaden (Tötung, Körperverletzung oder Gesundheitsbeeinträchtigung) noch Sachschaden (Vernichtung, Beschädigung oder Abhandenkommen) ist noch sich aus solchen Schäden herleiten lässt (Folgeschaden).

Als Vermögensschäden gelten auch Schäden von Anteilseignern wegen Wertverlusten von Anteilen an der Versicherungsnehmerin oder einem Tochterunternehmen.

In Erweiterung zu Absatz 1 gelten auch Folgeschäden als Vermögensschäden, wenn

- die dem Versicherungsfall zugrunde liegende Pflichtverletzung nicht für den Personen- oder Sachschaden, sondern ausschließlich für den Folgeschaden ursächlich ist,
- der Personen- oder Sachschaden nicht bei der Versicherungsnehmerin oder einem Tochterunternehmen, sondern bei einem Dritten eintritt, und die Versicherungsnehmerin oder ein Tochterunternehmen dadurch einen Folgeschaden erleidet, der über

den Ausgleich des bei dem Dritten eingetretenen Personen- oder Sachschadens hinausgeht, oder

- der Personenschaden in der psychischen Beeinträchtigung („mental anguish" oder „emotional distress") einer natürlichen Person besteht, die deshalb Haftpflichtansprüche wegen immaterieller Schäden nach dem Allgemeinen Gleichbehandlungsgesetz (AGG) oder ähnlichen Rechtsvorschriften gegen versicherte Personen geltend macht. Dies gilt auch für Haftpflichtansprüche auf Basis des § 823 Absatz 1 BGB (Verletzung des Persönlichkeitsrechts als „sonstiges Recht") sowie dieser Regelung entsprechender ausländischer Rechtsvorschriften, sofern die maßgebliche Verletzung des Persönlichkeitsrechts in diesem Zusammenhang gleichzeitig neben Haftpflichtansprüchen wegen immaterieller Schäden nach dem AGG oder ähnlichen Rechtsvorschriften im Rahmen des Ersatzbegehrens geltend gemacht wird.

Sofern bei einer Inanspruchnahme … neben einem Vermögensschaden auch ein Personen- oder Sachschaden oder ein Schaden, der sich daraus herleitet, geltend gemacht wird, gewährt der Versicherer sublimitiert Versicherungsschutz zur gerichtlichen und außergerichtlichen Abwehr dieser Schadenersatzansprüche.

14.3 Eigenschaden

In aktuellen D&O-Bedingungswerken finden sich immer häufiger sog. „Eigenschadenklauseln", die beispielsweise wie folgt gestaltet sein können:

Versicherungsschutz besteht für Schäden versicherter Unternehmen, die durch eine versicherte Person verursacht wurden,

- soweit deren Haftung alleine deswegen ausgeschlossen ist, weil das versicherte Unternehmen die versicherte Person vor Begehung der Pflichtverletzung von einer Haftung rechtswirksam freigestellt oder auf die Geltendmachung und / oder Durchsetzung von Ansprüchen rechtswirksam verzichtet hat oder

- soweit ein Anspruch gegen die versicherte Person allein aufgrund einer Entlastung nicht mehr besteht oder nicht mehr geltend gemacht bzw. durchgesetzt werden kann oder

- falls die versicherte Person zugleich über einen Dienstvertrag bei einem anderen versicherten Unternehmen verfügt und insoweit von diesem eine Haftungsfreistellung verlangen kann.

Aufgrund dieser oder ähnlicher Regelungen werden dem Unternehmen Schäden ersetzt, die zwar grundsätzlich vom D&O-Deckungsumfang erfasst sind, jedoch wegen einer Privilegierung der versicherten Person nicht geltend gemacht werden können. Derartige Privilegierungen können die Entlastung des Geschäftsführers, eine Haftungsbegrenzung im Anstellungsvertrag oder auch eine satzungsgemäße Haftungsprivilegierung sein. Zwar hat es in der Haftpflichtversicherung immer mal wieder auch Eigenschadenelemente gegeben – dennoch stellen diese Eigenschadenklauseln in der D&O-Versicherung eine nicht sach- und interessengerechte Veränderung der ursprünglichen Bedarfssituation für

D&O-Versicherungsschutz dar. Es geht in erster Linie um den Schutz des Privatvermögens von versicherten Organmitgliedern und eben nicht um einen Vollkaskoschutz für das jeweilige Unternehmen. Die Deckung folgt im allgemeinen Verständnis der Haftung, sodass es bei einer Haftungsprivilegierung auch keines Versicherungsschutzes für den privilegierten Teil bedarf. Wenn ein Geschäftsführer also wirksam entlastet worden ist, erscheint es sehr merkwürdig, wenn das (entlastende) Unternehmen dennoch für einen von der Entlastung umfassten Sachverhalt anschließend Ansprüche gegen den D&O-(Haftpflicht-)Versicherer haben soll. Hinzu kommt, dass die Versicherungssumme durch Ansprüche des Unternehmens geschmälert oder sogar aufgezehrt werden kann, sodass die versicherten Geschäftsführer z. B. bei einer Inanspruchnahme in derselben Versicherungsperiode dann mangels ausreichender Versicherungssumme „nackt im Wind" stehen könnten. Deshalb sollte eigentlicher Zweck der Unternehmens-D&O-Deckung weiterhin der aufgezeigte Schutz des Privatvermögens von Organmitgliedern sein und daher auf derartige Eigenschadenklauseln verzichtet werden. Dennoch bleibt es aber selbst dann dabei, dass sich die versicherten Personen unter einer Unternehmens-D&O-Versicherung die Versicherungssumme stets „teilen" müssen.

Eine höchst effektive Absicherung mit einer eigenen, durch den Zugriff „Dritter" geschützten Versicherungssumme bieten nur Persönliche D&O-Versicherungen. Denn hier stehen dem Geschäftsführer der Versicherungsschutz und die Versicherungssumme ausschließlich allein zur Verfügung. Und da auch jeder Geschäftsführer spätestens mit Eintritt eines Schadenfalls daran interessiert sein sollte, dass seine Reputation nicht verloren geht, ist dann auch noch die Wahl des richtigen D&O-Anbieters mit einem entsprechenden Verständnis des Schadenmanagements von wesentlicher Bedeutung – die er dann eben auch selbst treffen kann.

14.4 Abwehr und Freistellung von Haftpflichtansprüchen

14.4.1 Abwehrkosten nach Eintritt des Versicherungsfalls

Im Versicherungsfall übernimmt der Versicherer zunächst die Kosten der außergerichtlichen und gerichtlichen Abwehr des gegen eine versicherte Person erhobenen Schadenersatzanspruchs (Abwehrkosten). Zu den Abwehrkosten gehören insbesondere die Kosten der Prüfung der Haftpflichtfrage, Anwalts-, Sachverständigen-, Zeugen- und Gerichtskosten, Reisekosten sowie Schadenermittlungskosten, wobei hierfür – je nach Anbieter – auch noch ein separates Abwehrkostenzusatzlimit über die vereinbarte Versicherungssumme hinaus zur Verfügung gestellt wird.

14.4.2 Freie Anwaltswahl

Den versicherten Personen wird, vorbehaltlich eines Widerspruchsrechts, die Wahl des zu beauftragenden Rechtsanwalts überlassen.

Der Versicherer übernimmt die Gebühren nach dem Rechtsanwaltsvergütungsgesetz (RVG) oder entsprechenden in- oder ausländischen Gebührenordnungen und darüber hinausgehende Kosten aufgrund von Honorarvereinbarungen, soweit diese insbesondere im Hinblick auf die Schwierigkeit und Bedeutung der Sache angemessen sind. Dabei sollte sich stets mit den Versicherern über entsprechende Kosten abgestimmt werden.

Sollte die Beauftragung eines zusätzlichen Beraters oder Gutachters, z. B. eines Wirtschaftsprüfers, im Hinblick auf die Schwierigkeit und Bedeutung der Sache erforderlich sein, übernimmt der Versicherer auch dessen Kosten in angemessener Höhe.

Auch hier ist eine vorherige Abstimmung ratsam, wobei bedingungsseitig festgelegt werden kann, dass beispielsweise Stundensätze von 250−300 € immer als angemessen bewertet werden.

14.4.3 Abwehrkosten bei Aufrechnung oder Zurückbehaltung

Tritt der Versicherungsfall dadurch ein, dass gegen eine von einer versicherten Person geltend gemachte Forderung mit einem nach diesem Vertrag versicherten Haftpflichtanspruch aufgerechnet oder ein solcher im Wege eines Zurückbehaltungsrechts geltend gemacht wird, übernimmt der Versicherer, soweit zur Abwehr des Haftpflichtanspruchs erforderlich, die anwaltlichen und gerichtlichen Kosten der Durchsetzung der von der versicherten Person geltend gemachten Forderung.

Diese Situation tritt typischerweise ein bei Ansprüchen wegen anstehender Zahlungen von restlichen Gehältern, Abfindungsansprüchen oder Ruhestandsgeldern. Geschäftsführer sollten deshalb darauf achten, dass auch die Geltendmachung eines Zurückbehaltungsrechts als Versicherungsfall gilt.

Übersteigt der aufgerechnete oder im Wege eines Zurückbehaltungsrechts geltend gemachte versicherte Haftpflichtanspruch die von der versicherten Person geltend gemachte Forderung, übernimmt der Versicherer auch die Kosten der Abwehr des weitergehenden Anspruchs.

14.4.4 Rückforderungsverzicht bei Abwehrkosten

Der Versicherer verzichtet auf eine Rückforderung der von ihm übernommenen Abwehrkosten. Hiervon ausgenommen sind die im Falle der wissentlichen Pflichtverletzung zu erstattenden Kosten. Dies ist für versicherte Personen insofern besonders wichtig, als damit bereits von Beginn an keine „Kostenlast" für den Anwalt drückt.

14.4.5 Abwehrkosten bei einem die Versicherungssumme übersteigenden Streitwert

Selbst wenn der Streitwert eines Haftpflichtanspruchs die Versicherungssumme übersteigt, übernimmt der Versicherer die Abwehrkosten, ohne geltend zu machen, dass er nur zu einer anteiligen Übernahme verpflichtet sei. Allerdings bleibt die Einstandsverpflichtung insgesamt auf die Deckungssumme beschränkt.

14.4.6 Freistellung von Haftpflichtansprüchen

Schadenersatz

Der Versicherer stellt eine versicherte Person von dem gegen sie erhobenen Schadenersatzanspruch frei, soweit dieser durch rechtskräftiges Urteil, Anerkenntnis oder Vergleich festgestellt worden ist.

Dies ist das Grundprinzip der Haftpflichtversicherung und bedeutet, dass der festgestellte Schaden – ggf. in Millionenhöhe – vom Versicherer ausgeglichen wird.

Besondere Bedeutung haben Ansprüche nach § 64 GmbHG für Zahlungen nach Eintritt der Zahlungsunfähigkeit erlangt. Nach einer Entscheidung des OLG Düsseldorf (Oberlandesgericht Düsseldorf – Az. 4 U 93/16, https://www.justiz.nrw.de/nrwe/olgs/duesseldorf/j2018/4_U_93_16_Urteil_20180720.html, zuletzt abgerufen am 26.02.2019), handelt es sich bei Ansprüchen nach § 64 GmbHG grundsätzlich nicht um einen von der D&O-Versicherung umfassten Schadenersatzanspruch, sondern um einen Anspruch sui generis, der damit nur dann unter den Versicherungsschutz einer D&O-Police fällt, wenn es dort in den Versicherungsbedingungen ausdrücklich so geregelt ist.

Versicherungssumme

Wie einleitend ausgeführt, bestimmt die individuelle Versicherungssumme der jeweiligen Unternehmens-D&O-Police die Gesamtleistungspflicht des Versicherers der Höhe nach. Ausnahme: Durch den Versicherer veranlasste Zinsaufwendungen werden üblicherweise über die Versicherungssumme hinaus erstattet. Gegen eine Zuschlagsprämie werden auch 2-fach-Maximierungen oder eine Wiederauffüllung der Versicherungssumme angeboten.

14.4.7 Risikoausschlüsse

Wissentliche Pflichtverletzung

Der Versicherungsschutz erstreckt sich nicht auf Versicherungsfälle im Zusammenhang mit wissentlichen Pflichtverletzungen. Allerdings übernimmt der Versicherer die Kosten der Anspruchsabwehr, bis die wissentliche Pflichtverletzung im Haftungs- oder Deckungsprozess oder durch Anerkenntnis oder Vergleich festgestellt wird. Dann allerdings sind die übernommenen Kosten von der versicherten Person zurückzuerstatten.

Die wissentliche Pflichtverletzung einer versicherten Person wird anderen versicherten Personen nicht zugerechnet. Der gesetzliche Risikoausschluss des § 103 VVG findet keine Anwendung.

Tipp

Geschäftsführer sollten sich im Schadenfall vom D&O-Versicherer bestätigen lassen, dass sie Versicherungsschutz in Form der Übernahme von Abwehrkosten solange erhalten, wie ihnen gegenüber eine vorsätzliche bzw. wissentliche Pflichtverletzung lediglich nur behauptet wird. Der bloße Vorsatz-Vorwurf sollte den Versicherungsschutz nicht in Frage stellen dürfen.

14.4.8 Strafen, Geldbußen, Entschädigungen mit Strafcharakter

Der Versicherungsschutz erstreckt sich nicht auf Versicherungsfälle im Zusammenhang mit Strafen, insbesondere Vertragsstrafen, Geldbußen oder Entschädigungen mit Strafcharakter.

Hierzu gehören auch die in jüngster Zeit vielfach relevant gewordenen Bußgelder für Kartellverstöße oder aufgrund von § 130 OWiG wegen nicht ordnungsgemäßer struktureller Maßnahmen zur Vermeidung von Korruption. Zumeist gilt dies grundsätzlich auch für die abgeleitete Inanspruchnahme, wenn das Unternehmen selbst Ansprüche gegen eine versicherte Person wegen eines gegen das Unternehmen verhängten Bußgeldes geltend macht. In aktuellen Bedingungswerken findet sich jedoch inzwischen nicht mehr so selten auch „im zulässigen Rahmen" Versicherungsschutz für den Innenregress bei derartigen Schadenfällen – sei es auch nur sublimitiert. Dabei ist zu berücksichtigen, dass es auch schon vereinzelte Rechtsprechung gibt, wonach Bußgelder mangels Haftpflichtbestimmung sogar bereits ohne ausdrücklichen Ausschluss als nicht vom D&O-Versicherungsschutz umfasst angesehen werden. Hier bleibt die weitere Entwicklung abzuwarten. Hinzu kommt, dass die Versicherung von Strafen und Bußen über die deutsche Grenze hinaus je nach Land ohnehin nur eingeschränkt oder sogar insgesamt gesetzlich verboten sein kann.

14.4.9 USA

Die einleitend angesprochene „Weltweit-Deckung" wird häufig für die USA nicht vollumfänglich gewährt. Daher ist denkbar:

Der Versicherungsschutz erstreckt sich nicht auf Haftpflichtansprüche der Versicherungsnehmerin oder der Tochterunternehmen gegen versicherte Personen und nicht auf Haftpflichtansprüche der versicherten Personen untereinander, die in den USA oder auf Basis des dort geltenden Rechts erhoben werden, es sei denn,

- eine versicherte Person nimmt als unmittelbare Folge eines versicherten Schadenersatzanspruchs Regress oder macht einen Ausgleichsanspruch geltend,
- diese Ansprüche werden ohne jegliche Weisung, Unterstützung, Förderung, Empfehlung oder Veranlassung einer versicherten Person, der Versicherungsnehmerin oder eines Tochterunternehmens von Aktionären oder einem Insolvenzverwalter erhoben,

- diese Ansprüche werden von einer ehemaligen versicherten Person erhoben oder

- es handelt sich um Abwehrkosten.

Weiterhin vom Versicherungsschutz ausgeschlossen sind Haftpflichtansprüche, die ganz oder teilweise auf tatsächlichen oder angeblichen Verstößen gegen Bestimmungen des US-Gesetzes zur Sicherung des Ruhestandseinkommens von Angestellten (Employee Retirement Income Securities Act von 1974), des US-Securities Act von 1933 oder des US-Securities Exchange Act von 1934 oder Durchführungs- oder Verwaltungsvorschriften dieser Bestimmungen oder vergleichbarer Bundes- oder Staatsgesetze oder entsprechender Common Law Gesetze in der jeweils aktuell gültigen Fassung beruhen.

Hinweis und Exkurs

Der Securities Act von 1933 regelt die Haftung von Directors und Officers für falsche bzw. irreführende Aussagen in den für eine Börsenzulassung in den USA notwendigen Unterlagen. Der Securities Exchange Act von 1934 dient als Anspruchsgrundlage bei unrichtiger oder unterlassener Veröffentlichung wesentlicher Informationen im Zusammenhang mit dem Verkauf von Wertpapieren in den USA. Haftungsauslösend nach dem Securities Exchange Act von 1934 können z. B. die Vornahme von Insider-Geschäften oder Marktmanipulationen sein.

Der Employment Retirement Income Security Act (ERISA) regelt die Einrichtung von Unterstützungssystemen für Beschäftigte in US-Unternehmen. Hiernach können z. B. Programme zur Versorgung und Hilfe bei Unfällen, Krankheit oder Berufsunfähigkeit genauso wie Betriebsrentensysteme und Vermögensbildungskonzepte eingerichtet werden. Für ERISA-Programme werden oftmals erhebliche Mittel aufgewendet, deren Kontrolle in den Händen treuhänderisch tätiger Directors und Officers der Unternehmen liegt. Sofern diese Treuhänder die ihnen nach dem ERISA auferlegten Sorgfaltspflichten missachten, können sie für eventuelle Schäden haftbar gemacht werden.

14.5 Versicherte Personen bei der Versicherungsnehmerin

14.5.1 Bestellte Organmitglieder

Versichert sind natürliche Personen in ihrer Funktion als Mitglieder oder stellvertretende Mitglieder der Geschäftsführung, des Weiteren mittlerweile regelmäßig die Leitenden Angestellten und Prokuristen.

14.5.2 Personen mit faktischer Organfunktion

Außerdem sind alle Arbeitnehmer versichert, die bei der Versicherungsnehmerin faktische Organfunktionen wahrnehmen. Insoweit besteht Versicherungsschutz im Umfang ihrer organschaftlichen Haftung. Der Begriff des faktischen Geschäftsführers leitet sich aus der Rechtsprechung des Bundesgerichtshofes ab, sodass auch Versicherungs-schutz für diese Fälle, etwa für den „starken Prokuristen", gewährt werden muss.

Des Weiteren sind folgende bei der Versicherungsnehmerin oder einem Tochterunter-nehmen tätigen natürlichen Personen versichert:

- Interimsmanager, soweit sie als Organmitglieder bestellt oder faktisch als Organmit-glieder tätig sind; insoweit besteht Versicherungsschutz im Umfang der organschaft-lichen Haftung;

- persönlich haftende Gesellschafter, soweit sie die Geschäfte der Gesellschaft führen, jedoch unter Ausnahme der Gesellschafterhaftung für Verbindlichkeiten der Gesellschaft sowie ihrer Einlagepflicht als Gesellschafter;

- Gesellschafter einer führungslosen GmbH, soweit gegen sie ein Haftpflichtanspruch wegen Verletzung ihrer Pflicht gemäß § 15 a Abs. 3 der Insolvenzordnung (InsO) geltend gemacht wird;

- Arbeitnehmer in ihrer Funktion als benannte Compliance-Beauftragte oder als be-sondere vom Gesetzgeber oder durch Industriestandards vorgesehene Beauftragte zur Sicherstellung der Compliance, z. B. als Datenschutz-, Geldwäsche-, Umwelt-schutz-, Arbeitsschutz- oder Sicherheitsbeauftragte; Versicherungsschutz wird je-weils im Umfang des nach den Grundsätzen der Arbeitnehmerhaftung bestehenden Haftungsrisikos gewährt,

- Shadow Directors, Company Secretaries und Senior Accounting Officers, soweit Common Law betroffen ist; § 3 Ziffer 6.3. (USA) bleibt unberührt.

14.5.3 Fremdmandate in Unternehmen, Vereinen, Verbänden oder gemeinnützigen Organisationen

Versichert ist ferner die Tätigkeit versicherter Personen im Rahmen der Ausübung von Mandaten, die im Interesse oder auf Weisung der Versicherungsnehmerin oder eines Tochterunternehmens in sonstigen Unternehmen, Vereinen, Verbänden oder gemein-nützigen Organisationen wahrgenommen werden (Fremdmandate). Für den Nachweis einer interessen- oder weisungsgebundenen Entsendung genügt die nachträgliche text-förmige Bestätigung des entsendenden Unternehmens.

Besteht Versicherungsschutz auch über einen anderen Versicherungsvertrag, steht die Versicherungsleistung dieses Vertrags erst im Anschluss an die andere Versicherung zur Verfügung. Hat der Fremdmandatsträger einen Freistellungsanspruch gegen das mandatierende Unternehmen, steht die Versicherungsleistung dieses Vertrags erst im Anschluss an die Freistellung zur Verfügung und nur soweit die Haftungssumme die Freistellung übersteigt.

Für Fremdmandate in Unternehmen gilt ein Sublimit (in Höhe von … % der Versiche-rungssumme).

Für Fremdmandate in Vereinen, Verbänden oder gemeinnützigen Organisationen gilt kein Sublimit.

Kein Versicherungsschutz besteht für Fremdmandate in börsennotierten Unternehmen, Unternehmen mit Sitz in den USA, Finanzdienstleistungsunternehmen und Lizenz-/Profisportbetrieben. Der Geschäftsführer sollte das zusätzliche Haftungsrisiko durch solche Fremdmandate nicht unterschätzen, da er sich hier außerhalb seines „Wohnzimmers" befindet und die Mitversicherung von Fremdmandaten nicht selten sublimitiert erfolgt.

14.5.4 Ehegatten, eingetragene Lebenspartner, Betreuer, Pfleger, Nachlassverwalter, Erben

Versicherungsschutz wird darüber hinaus den Ehegatten, eingetragenen Lebenspartnern, Betreuern, Pflegern, Nachlassverwaltern und Erben der in den vorhergehenden Ziffern genannten natürlichen Personen gewährt, soweit sie an deren Stelle in Anspruch genommen werden.

Tipp

Da im Erbfall auch Verpflichtungen auf die Erben übergehen können, ist es von besonderer Bedeutung, dass die Erben dann auch unter den Schutz der D&O-Police fallen.

14.5.5 Ehemalige und künftige versicherte Personen

Der Versicherungsschutz bezieht sich nicht nur auf Personen, die bei Versicherungsbeginn zum Kreis der in den vorhergehenden Ziffern genannten natürlichen Personen gehören, sondern auch auf solche, die zu diesem Zeitpunkt bereits ausgeschieden sind oder nach diesem Zeitpunkt erst hinzukommen.

Endet die Tätigkeit einer versicherten Person nach Versicherungsbeginn, bleibt der Versicherungsschutz für Versicherungsfälle wegen vor der Beendigung begangener Pflichtverletzungen regelmäßig unberührt. Es besteht jedoch das Risiko, dass die D&O-Versicherung bedingungs- und/oder deckungssummenseitig eingeschränkt fortgeführt wird. Wer hier als Geschäftsführer auf Nummer Sicher gehen will, sollte sich für diese Fälle mit dem Ende seiner Tätigkeit eine individuelle persönliche D&O-Deckung beschaffen.

Hierzu findet man im D&O-Markt gute Produkte, die eine sehr bedarfsgerechte Absicherung bieten.

14.6 Versicherungsschutz

14.6.1 Vorwärtsdeckung (klassische Deckung)

Versicherungsschutz besteht für Versicherungsfälle, die zwischen dem im Versicherungsschein benannten Versicherungsbeginn und dem Ende des Versicherungsvertrages eintreten und auf in diesem Zeitraum begangenen Pflichtverletzungen beruhen.

14.6.2 Rückwärtsdeckung

Versicherungsschutz besteht darüber hinaus für Versicherungsfälle, die in dem vorgenannten Zeitraum eintreten und auf vor Versicherungsbeginn begangenen Pflichtverletzungen beruhen, sofern der jeweils in Anspruch genommenen versicherten Person oder der Versicherungsnehmerin die Pflichtverletzung bis zum Versicherungsbeginn nicht bekannt war. Dies muss ausdrücklich vereinbart sein, stellt heutzutage aber den üblichen Umfang des Versicherungsschutzes dar. Zeitlich befristete Rückwärtsdeckungen sollten daher immer hinterfragt werden.

14.6.3 Nachmeldefrist

Wird der Versicherungsvertrag beendet, besteht zudem Versicherungsschutz für Versicherungsfälle, die nach der Beendigung des Vertrags eintreten und dem Versicherer vor Ablauf einer Nachmeldefrist gemeldet werden, sofern sie auf vor der Vertragsbeendigung begangenen Pflichtverletzungen beruhen.

Damit wird das Prinzip, dass grundsätzlich der Zeitpunkt der Inanspruchnahme in den versicherten Zeitraum fallen muss, entsprechend erweitert.

Für jeden während einer Nachmeldefrist gemeldeten Versicherungsfall und für alle in dieser Zeit gemeldeten Versicherungsfälle zusammen besteht Versicherungsschutz maximal in Höhe der nicht verbrauchten Versicherungssumme der letzten Versicherungsperiode zu den bei Vertragsbeendigung geltenden Bedingungen.

14.6.3.1 Unverfallbare Nachmeldefrist bis zu 12 Jahren

Es wird eine zumindest fünfjährige Nachmeldefrist selbst dann gewährt, wenn nach Vertragsbeendigung Versicherungsschutz unter einer anderen D&O-Versicherung bestehen sollte (Unverfallbarkeit).

Endet der Versicherungsvertrag vor Erreichen der maximalen Nachmeldefrist durch Kündigung des Versicherers, hat die Versicherungsnehmerin das Recht, die Nachmeldefrist durch Zahlung einer Zusatzprämie innerhalb eines bestimmten Zeitraums nach Vertragsbeendigung auf bis zu 12 Jahre zu erweitern. Endet der Versicherungsvertrag infolge Prämienzahlungsverzugs, bleibt die Nachmeldefrist unberührt. Lediglich für Versicherungsfälle, die auf Pflichtverletzungen in der Versicherungsperiode beruhen, in der die Versicherungsnehmerin mit der Zahlung der Prämie in Verzug ist, wird keine Nachmeldefrist und auch keine Nachmeldefristverlängerung gewährt.

14.6.3.2 Persönliche Nachmeldefrist

Endet die allgemeine Nachmeldefrist, besteht für nach dem Ende dieser Nachmeldefrist eintretende Versicherungsfälle dennoch Versicherungsschutz, soweit versicherte Personen betroffen sind, die vor Beendigung des Versicherungsvertrags aus gesundheitlichen Gründen oder aus Altersgründen aus den Diensten der Versicherungsnehmerin oder eines Tochterunternehmens ausgeschieden und im Zeitpunkt des Versicherungsfalls noch keine 12 Jahre seit dem Zeitpunkt des Ausscheidens vergangen sind.

14.7 Anzeige des Versicherungsfalls

Jede versicherte Person ist verpflichtet, den Eintritt eines sie betreffenden Versicherungsfalles innerhalb einer Woche nach Kenntniserlangung schriftlich anzuzeigen.

Selbstverständlich kann auch diese Regelung je nach Anbieter oder Bedingungsstand variieren. Aus diesem Grund ist es wichtig zu wissen, wer Versicherer ist und wie die Bedingungen konkret ausgestaltet sind.

14.8 Mitwirkung im Versicherungsfall

Die versicherten Personen, die Versicherungsnehmerin und deren Tochterunternehmen sind dem Versicherer zur Mitwirkung bei der Schadensminderung verpflichtet. Sie sind außerdem zur vollständigen, wahrheitsgemäßen und nach angemessener Fristsetzung – fristgerechten Aufklärung über den Haftpflichtanspruch und die ihm zugrunde liegenden Umstände, sowie über Umstände, die für den Umfang der Leistungspflicht des Versicherers maßgeblich sein könnten, in der vom Versicherer jeweils gewünschten Form (z. B. Gespräch, Schriftform) verpflichtet.

14.9 Folgen einer Obliegenheitsverletzung

Wird eine Obliegenheit aus diesem Vertrag vorsätzlich verletzt, verliert die versicherte Person ihren Versicherungsschutz. Bei grob fahrlässiger Verletzung einer Obliegenheit ist der Versicherer berechtigt, seine Leistung in einem der Schwere des Verschuldens der versicherten Person entsprechenden Verhältnis zu kürzen. Weist die versicherte Person nach, dass sie die Obliegenheit weder vorsätzlich noch grob fahrlässig verletzt hat, bleibt der Versicherungsschutz bestehen.

Der Versicherungsschutz bleibt auch bestehen, wenn die versicherte Person nachweist, dass die Verletzung der Obliegenheit weder für den Eintritt oder die Feststellung des Versicherungsfalls noch für die Feststellung oder den Umfang der Leistungspflicht des

Versicherers ursächlich ist. Diese Regelung gilt nicht, wenn die Obliegenheit arglistig verletzt wurde.

Insofern ist die Kenntnis der Obliegenheiten wichtig, um den Versicherungsschutz nicht zu gefährden

14.10 Zurechnung

Zurechnung bei versicherten Personen

Die Kenntnis, das Verhalten und das Verschulden einer versicherten Person werden einer anderen versicherten Person nicht zugerechnet.

Zurechnung bei der Versicherungsnehmerin

Soweit die Kenntnis und das Verhalten der Versicherungsnehmerin von rechtlicher Bedeutung sind, werden – in Abweichung von § 47 Abs. 1 VVG – nur die Kenntnis und das Verhalten folgender versicherter Personen berücksichtigt: Vorsitzender des Aufsichtsrates, Vorsitzender des Vorstandes bzw. der Geschäftsführung, Finanzvorstand bzw. Geschäftsführer Ressort Finanzen und Leiter der Rechts- und/oder Versicherungsabteilung.

Eine solche Klausel stellt wegen der begrenzten Kenntniszurechnung eine werthaltige Deckungserweiterung dar, wobei der Zurechnungskreis z. T. auch noch enger gefasst werden kann.

14.11 Anspruchsberechtigte

Die sich aus dem Versicherungsvertrag gegen den Versicherer ergebenden Ansprüche stehen ausschließlich den versicherten Personen zu.

14.12 Abtretung

Der Freistellungsanspruch kann ohne ausdrückliche Zustimmung des Versicherers nur an den geschädigten Dritten abgetreten werden.

15 Weitere Erläuterungen und Hinweise zu D&O-Bedingungen

15.1 Gegenstand der Versicherung

Versicherungsschutz wird den versicherten Organmitgliedern für den Fall gewährt, dass sie wegen einer bei Ausübung der versicherten Tätigkeit begangenen Pflichtverletzung für einen Vermögensschaden in Anspruch genommen werden.

Solche Pflichtverletzungen, die im ersten Teil bereits ausführlich beschrieben sind, können insbesondere sein:

- Nichtbeachtung anerkannter betriebswirtschaftlicher Grundsätze
- Unternehmenserwerb ohne ausreichende Due-diligence
- Erwerb / Fortführung unrentabler Tochtergesellschaften
- Abschluss ungünstiger Verträge
- Kauf kontaminierter Grundstücke
- Nicht-Ausnutzen von Steuervorteilen und Subventionen
- fehlende Reaktion auf Veränderungen des wirtschaftlichen Umfeldes
- fehlerhafte Auswahl / Kontrolle von Mitarbeitern
- verspätetes Stellen eines Insolvenzantrags
- Ignorieren von Möglichkeiten der Digitalisierung
- Verletzung von Vorschriften etc.
- Keine ausreichende Compliance-Organisation

15.1.1 Versicherte Tätigkeit

Versichert ist danach die aus zivil- oder öffentlich-rechtlichen Anspruchsgrundlagen hergeleitete Verpflichtung zum Schadenersatz, sofern die versicherte Person in organschaftlicher Tätigkeit, d. h. etwa in ihrer Funktion als Mitglied der Geschäftsführung oder des Aufsichts- bzw. Beirates, die vorgeworfene Pflichtverletzung begangen hat. Wird die betreffende Person aber in ihrer Eigenschaft als Gesellschafter des Unternehmens (Versicherungsnehmerin) in Anspruch genommen, so fällt dies nicht unter den Versicherungsschutz. Gleichermaßen verhält es sich, wenn der Geschäftsführer beispielsweise als Rechtsanwalt in beratender Weise tätig geworden ist und hieraus Ansprüche hergeleitet werden können.

15.1.2 Exkurs: D&O-Versicherungsschutz für Organmitglieder von Gesellschaften in kommunaler Trägerschaft

Die allseits bestehende finanzielle Belastung der Kommunen führt verstärkt zur Frage der privatwirtschaftlichen Wahrnehmung öffentlicher Aufgaben, wobei in vielen Fällen die Aufgaben von der Kommune selbst in privatwirtschaftlicher Form wahrgenommen werden. Dabei darf die Gemeinde Unternehmen und Einrichtungen in einer Rechtsform des privaten Rechts (z.B. GmbH) üblicherweise nur gründen oder sich daran beteiligen, wenn die Gemeinde einen angemessenen Einfluss, insbesondere in einem Überwachungsorgan erhält, und dieser durch Gesellschaftsvertrag, Satzung oder in anderer Weise gesichert wird. Insofern ist in kommunalen Unternehmen der Abschluss von D&O-Versicherungen für Geschäftsführer und Aufsichtsräte auch weit verbreitet. Während die hier tätigen Geschäftsführer den bereits aufgezeigten Versicherungsbedarf haben, gibt es für Aufsichtsratsmitglieder, die von den Kommunen entsendet werden, die Besonderheit, dass für diese nach den weitgehend übereinstimmenden kommunalrechtlichen Regelungen der Länder im Haftungsfall ggf. ein kommunaler Freistellungsanspruch besteht. Verursacht also ein Mitglied des Aufsichtsrates einen Haftungsfall, ist womöglich fraglich, ob die Kommune oder der Versicherer den Schaden letztlich zu tragen hat. Denn dieser Anspruch auf Freistellung könnte im Leistungsfall womöglich auf den Versicherer übergehen. Hier sollten auf jeden Fall „klare Verhältnisse" durch eine vertragliche Regelung zugunsten der Kommune geschaffen werden.

Tipp

Der Gesellschaft in kommunaler Trägerschaft ist zu empfehlen, bereits bei Abschluss der D&O-Versicherung mit dem betreffenden Versicherer schriftlich zu vereinbaren, auf die Geltendmachung eines möglicherweise auf den Versicherer übergehenden Freistellungsanspruchs gegen die Kommune zu verzichten.

15.1.3 Vermögensschaden

Grundsätzlich sind nur sog. „echte Vermögensschäden" versichert und somit Folgeschäden eines Personen- oder Sachschadens als sog. „unechte Vermögensschäden" nicht vom Versicherungsschutz einer D&O-Deckung umfasst. Durch diese klare Abgrenzung ist sichergestellt, dass die D&O-Deckung als Haftpflichtversicherung nicht zu einer „Super-Auffang-Deckung" mutiert. Dennoch ist die Erstreckung des D&O-Versicherungsschutzes auf den dargestellten „erweiterten Vermögensschadenbegriff" marktüblich geworden.

15.1.4 Versicherte Unternehmen / versicherter Personenkreis

Bei der klassischen Unternehmens-D&O-Police handelt es sich um eine Versicherung für fremde Rechnung nach Maßgabe der §§ 43 ff. VVG. Versicherungsnehmer und damit Prämienschuldner ist die GmbH.

Versicherte Personen sind die jeweiligen Mitglieder der Führungs- und Aufsichtsgremien der GmbH, inklusive deren Tochtergesellschaften. Grundsätzlich wird jeweils das gesamte Gremium versichert, was der gesamtschuldnerischen Haftungssituation bei Pflichtverletzungen von Unternehmensleitern entspricht. Zwischenzeitlich ist darüber hinaus auch die Mitversicherung von Prokuristen und Leitenden Angestellten üblich geworden. Da Leitende Angestellte nach der arbeitsgerichtlichen Rechtsprechung jedoch grundsätzlich haftungsprivilegiert sind, empfiehlt sich im Sinne des Schutzzweckes einer D&O-Versicherung eine klare Abgrenzung. Als praktikabel hat sich insofern herausgestellt, alle Arbeitnehmer mitzuversichern, soweit sie eine faktische Organfunktion wahrnehmen und wie ein Geschäftsführer haften. Häufig mitversichert werden aber auch Arbeitnehmer in ihrer Funktion als benannte Compliance-Beauftragte oder als besondere vom Gesetzgeber oder durch Industriestandards vorgesehene Beauftragte zur Sicherstellung der Compliance, z.B. als Datenschutz-, Geldwäsche-, Umweltschutz-, Arbeitsschutz- oder Sicherheitsbeauftragte. Versicherungsschutz wird dann jeweils im Umfang des nach den Grundsätzen der Arbeitnehmerhaftung bestehenden Haftungsrisikos gewährt.

Tipp

Falls auch Leitende Angestellte in den Versicherungsschutz der insbesondere zur Absicherung des Privatvermögens von Geschäftsführern geschlossenen D&O-Versicherung einbezogen werden sollen, ist es für Sie als Geschäftsführer möglicherweise von Vorteil und wegen des Haftungsprivilegs auch sachgerecht, wenn für die mitversicherten Leitenden Angestellten im Leistungsfall nur ein Teil der Versicherungssumme (Sublimit) zur Verfügung steht.

Möglicherweise tritt aber auch Ihr Compliance-Verantwortlicher an Sie mit dem Ansinnen heran, in den Versicherungsschutz der D&O-Versicherung Ihrer Gesellschaft einbezogen zu werden.

Tipp

Da der Compliance-Verantwortliche im Verhältnis zu Ihrer Geschäftsführerfunktion als „Haftungspuffer" fungieren kann, sollten Sie diesem auch die Einbeziehung in die D&O-Police nicht verweigern.

Bedeutsam kann für Geschäftsführer auch die Mitversicherung von sog. Fremdmandaten sein. Hierbei handelt es sich vor allem um Aufsichtsratsmandate, die Geschäftsführer im Interesse, auf Weisung der GmbH oder aus sonstigen Gründen bei dritten Unternehmen wahrnehmen. Die Mitversicherung solcher Fremdmandate erfolgt häufig nur eingeschränkt, weil einerseits die D&O-Police möglicherweise durch ein eigentlich fremdes Risiko belastet werden kann und zum anderen für den Versicherer das Problem besteht, überhaupt eine ausgiebige Risikoeinschätzung vornehmen zu können, weil ausreichende Risikoinformationen über das Drittunternehmen schwerer erhältlich sind.

Tipp

Sofern Sie im Interesse Ihrer GmbH sog. Fremdmandate in einem Drittunternehmen wahrnehmen und Sie keine Information darüber erhalten, ob und inwieweit für Sie bei diesem Drittunternehmen D&O-Versicherungsschutz besteht, sollten Sie darauf achten, dass diese Fremdmandate unter Ihrer eigenen Unternehmens-D&O-Police ausdrücklich mitversichert werden. Im eigenen Interesse sollte jedoch Deckung über eine separate Police bei dem Drittunternehmen bestehen.

15.2 Zeitliche Bestimmung des Versicherungsschutzes

15.2.1 Versicherungsfall

Versicherungsfall ist die erstmalige schriftliche Geltendmachung eines Haftpflichtanspruches gegen eine versicherte Person während der Laufzeit des Versicherungsvertrages aufgrund einer (tatsächlichen oder behaupteten) Pflichtverletzung, die zu einem Vermögensschaden geführt hat.

Es gilt somit der Anspruchserhebungsgrundsatz bzw. das „claims made"-Prinzip. Folglich muss sowohl die Pflichtverletzung als auch die Anspruchserhebung im versicherten Zeitraum erfolgen. Die strikte Auslegung dieses Prinzips hätte zur Konsequenz, dass einerseits Anspruchserhebungen nach Ablauf des Vertrages, aber wegen während der Vertragsdauer erfolgter Pflichtverletzungen, nicht versichert wären und andererseits auch während der Vertragsdauer erfolgte Anspruchserhebungen für vor Vertragsbeginn realisierte Pflichtenverstöße außen vor blieben. Um diesen möglichen Deckungslücken entgegenzuwirken, sehen die meisten D&O-Policen in Deutschland sowohl eine Rückwärtsdeckung, als auch eine Nachhaftungsregelung vor.

15.2.2 Rückwärtsdeckung

Mit einer Rückwärtsdeckung umfasst der Versicherungsschutz – frei von bekannten Pflichtverletzungen – auch Versicherungsfälle aufgrund von Pflichtverletzungen vor Vertragsbeginn.

Als bekannt definiert von den Versicherern werden dabei insbesondere Pflichtverletzungen, die im Zusammenhang mit Schadenersatzansprüchen, Forderungen, Klagen, Verwaltungsakten, Ermittlungsverfahren, Untersuchungen, Urteilen oder Vollstreckungsmaßnahmen stehen, die bereits zu oder vor Beginn des Versicherungsvertrages gegen Unternehmensleiter der Versicherungsnehmerin selbst und/oder gegen Unternehmensleiter der Tochterunternehmen der Versicherungsnehmerin gerichtet waren. Die einzelnen Versicherungskonzepte weisen bedeutsame Unterschiede im Hinblick auf die Rückwärtsdeckung auf, sodass hier der jeweilige Wortlaut genau geprüft werden sollte.

Mit dieser Deckungskomponente wird vor dem Hintergrund des angewandten Claims-made-Prinzips somit nur noch auf den Zeitpunkt der Geltendmachung des jeweiligen Schadenersatzanspruchs abgestellt.

Tipp

Zeitliche Befristungen der Rückwärtsdeckung sollten ohne stichhaltige Begründung nicht akzeptiert werden.

15.2.3   Nachhaftung / Nachmeldefrist

Ohne die Gewährung einer Nachhaftungsfrist sind Ansprüche, die nach Vertragsbeendigung erhoben werden, nicht vom Versicherungsschutz erfasst. Da von Geschäftsführern begangene Pflichtverletzungen aber grundsätzlich nicht zeitnah eine Anspruchserhebung nach sich ziehen, sondern oftmals erst einige Zeit später als Schaden evident werden, stellt sich eine Nachhaftungsregelung bzw. auch sog. Nachmeldefrist-Regelung als unverzichtbar dar.

Die meisten D&O-Anbieter gewähren heutzutage von vornherein zumindest eine fünf-jährige Nachhaftungsdauer. Daneben kann weitere Nachhaftung üblicherweise gegen Zahlung einer zusätzlichen Prämie „eingekauft" werden.

Der Umfang des Versicherungsschutzes für während der Nachhaftungsdauer geltend gemachte Ansprüche richtet sich dabei grundsätzlich nach den bei Ablauf der letzten Vertragsperiode geltenden Vertragsbestimmungen, wobei Versicherungsleistungen in Höhe des unverbrauchten Teils der Versicherungssumme der letzten Versicherungsperiode zur Verfügung gestellt werden.

Die Gewährung einer Nachhaftung wird meistens davon abhängig gemacht, dass die Beendigung des Vertrages nicht wegen Prämienzahlungsverzuges erfolgt ist.

In D&O-Bedingungswerken ist gelegentlich noch geregelt, dass die Nachhaftung mit dem Zeitpunkt des Abschlusses eines Anschlussvertrages bei einem anderen Versicherer endet. Vor diesem Hintergrund war bei einem Versichererwechsel bislang immer darauf zu achten, dass der das Risiko übernehmende D&O-Anbieter eine unbegrenzte Rückwärtsversicherung gewährt, da anderenfalls eine nicht unerhebliche Deckungslücke entstanden wäre. Diesem Umstand wollen die meisten D&O-Anbieter dadurch Rechnung tragen, dass sie sog. Unverfallbarkeitsklauseln in ihre Bedingungswerke aufgenommen haben. Dies bedeutet, dass die Nachmeldefrist auch im Falle des Versichererwechsels, aber nicht nur wenn der neue Versicherer keine oder nur eingeschränkte Rückwärtsdeckung gewährt, bei dem Vor-Versicherer „unverfallbar" bestehen bleibt.

Tipp

Die Nachmeldefrist sollte mindestens 5 Jahre betragen und auch dann erhalten bleiben, wenn die GmbH nach der Kündigung der aktuellen D&O-Police bei einem anderen Anbieter eine neue D&O-Versicherung (ohne Rückwärtsdeckung) abschließt (sog. Unverfallbarkeit). Denn insbesondere wenn der Wechsel nach Ihrem Ausscheiden aus der GmbH erfolgt, haben Sie auf die Konditionen der neuen Versicherung keinen Einfluss mehr. Sie wären dann auf den guten Willen der GmbH und der neuen Versicherungsgesellschaft angewiesen.

15.3 Versicherungsschutz nach dem Ausscheiden aus der GmbH

Das Problem ausscheidender oder bereits ausgeschiedener Geschäftsführer: Mit dem Ausscheiden aus der GmbH verlieren sie den direkten Zugriff auf Beweismittel, z. B. auf die Protokolle der Gesellschafterversammlungen. Selbst wenn zuvor also wesentliche Geschäftsvorfälle vorbildlich dokumentiert werden (vgl. S. 33), ist die Position als „Ehemaliger" regelmäßig schlechter als in der Rolle des aktiven Geschäftsführers. Selbst für beherrschende Gesellschafter-Geschäftsführer stellt sich dieses Problem, sobald sie Anteile an der GmbH verkaufen. Denn ab diesem Zeitpunkt können sie keinen Einfluss mehr auf Entscheidungen der Gesellschafterversammlung nehmen und somit auch ihre persönliche Inanspruchnahme nicht mehr verhindern.

Es ist daher von größter Bedeutung, sich mit Haftungsfragen zu befassen, die nach dem Ausscheiden aufkommen können. Denn eigentlich möchte man die Vergangenheit ja ganz schnell hinter sich lassen. Aber selbst wenn zurzeit noch keine Ansprüche gestellt wurden oder in Sicht sind, sollten Geschäftsführer sich folgende Fragen stellen:

- Welche negativen Folgen hat die Trennung von der GmbH, z. B. wenn die GmbH im Falle einer arbeitsrechtlichen Auseinandersetzung mit eventuellen Gegenansprüchen aus potentiellen Pflichtenverstößen „aufrechnet"?
- Dies ist nicht selten der Fall, wenn der aus dem Unternehmen ausgeschiedene Geschäftsführer noch ausstehende Vergütungs- oder Bonifikationsansprüche geltend macht und die Gesellschaft dann den behaupteten Pflichtenverstoß als „Verhandlungsmasse" einwirft.
- Welche Vorgänge aus der Vergangenheit könnten sich im Nachhinein als Haftungsrisiko herausstellen, z. B. wenn sich eine Finanzkrise verschärft und die GmbH insolvent werden könnte?
- Für diesen Fall ist zu berücksichtigen, dass möglicherweise ein Insolvenzverwalter die Rolle der Anspruchstellerseite einnehmen kann und dieser zur Mehrung der „Masse" wenig Anlass zu persönlichen Rücksichtnahmen haben wird.
- Welche neuen Ansprüche im Zusammenhang mit der Trennung kommen auf den Geschäftsführer zu, z. B. wenn Verstöße gegen Geheimhaltungspflichten und Wettbewerbsverbote behauptet werden?

- Hier sollten insbesondere die entsprechenden Regelungen des Dienstvertrages geprüft werden.
- Welche rechtlichen oder sonstigen Möglichkeiten bestehen, um ein persönliches Haftungsrisiko zu vermindern?

In Betracht kommt hier beispielsweise eine „Generalbereinigung" oder zumindest die Sicherstellung des Fortbestehens des D&O-Versicherungsschutzes (vgl. hierzu S. 36).

Die D&O-Versicherung wird zwar grundsätzlich für aktive Geschäftsführer abgeschlossen. Der Versicherungsschutz bleibt aber idealerweise auch nach dem Ausscheiden aus der GmbH für sie bestehen. Denn in den meisten D&O-Policen werden auch Ansprüche gegen „Ehemalige", also die aus dem Unternehmen ausgeschiedenen Organmitglieder mitversichert. Es besteht insofern auch für bereits ausgeschiedene Geschäftsführer so lange Versicherungsschutz, wie die D&O-Police wirksam fortbesteht. Für den Fall der Vertragsaufhebung besteht der Schutz im Rahmen einer vereinbarten Nachmeldefrist fort. Die D&O-Policen beinhalten regelmäßig eine sog. Nachhaftung bzw. Nachmeldefrist von üblicherweise mindestens fünf Jahren. Werden also in dieser Zeit Schadenersatzansprüche wegen in die Versicherungslaufzeit fallender Pflichtenverstöße geltend gemacht, kommt die Versicherung trotz der Aufhebung des Vertrages im Rahmen und Umfang der jeweiligen Versicherungsbedingungen noch dafür auf.

Tipp

In D&O-Policen ist häufig geregelt, dass aus dem Unternehmen ausscheidende Geschäftsführer eine persönliche Nachmeldefrist von bis zu fünf Jahren oder mehr haben. Es sollte darauf geachtet werden, dass eine Günstigkeitsklausel für den Fall aufgenommen wird, dass falls bei Fortbestehen des D&O-Vertrages eine insgesamt längere Nachmeldefrist bestehen sollte, diese dann auch für den jeweils ausgeschiedenen Geschäftsführer Anwendung findet.

Unterschätzt wird aber nicht selten, dass der ausscheidende bzw. bereits ausgeschiedene Geschäftsführer mit dem Problem konfrontiert ist, dass er keine Kontrolle mehr über das Schicksal des D&O-Vertrages hat. Wegen der Geltung des Anspruchserhebungsprinzips steht auch für potentielle Pflichtverletzungen der Vergangenheit die zum Zeitpunkt der entsprechenden Auslösung des Versicherungsfalls bestehende Versicherungssumme zur Verfügung. Sollte der Geschäftsführer nach seinem Ausscheiden also – ohne dies zu wissen – nur noch über einen bedingungs- und/oder summenseitig eingeschränkten Versicherungsschutz verfügen, so könnte dies im Schadenfall zu einem bösen Erwachen führen, wenn versichert geglaubte Sachverhalte dann plötzlich nicht mehr unter den Versicherungsschutz der aktuellen D&O-Police fallen. Um also nach dem Ausscheiden aus der Gesellschaft auch weiterhin auf der sicheren Seite zu sein, sollte sich der Manager über entsprechende Angebote für eine auf diese Fälle zugeschnittene höchstpersönliche Absicherung mit einer eigenen Versicherungssumme informieren. Anders als bei der Unternehmens-D&O-Police werden diese Individual-Deckungen von jedem einzelnen Manager für sich abgeschlossen und auch bezahlt. Letzteres ist ein wesentlicher Grund dafür, dass persönliche D&O-Versicherungen außer zur Absicherung des Pflicht-Selbstbehaltes von Vorstandsmitgliedern bislang eher selten anzutreffen sind. Dabei kann grundsätzlich kaum etwas gegen den Abschluss von Individualpolicen eingewendet werden, außer dass bei Unternehmens-D&O-Policen üblicherweise höhere Versicherungssummen zur Verfügung gestellt werden können.

15.4   Sachlicher Umfang des Versicherungsschutzes

Die D&O-Police stellt eine klassische Haftpflichtversicherung dar. Der Versicherungsschutz umfasst somit sowohl die gerichtliche und außergerichtliche Abwehr unbegründeter als auch die Befriedigung begründeter Haftpflichtansprüche. Die Abwehr unberechtigter Ansprüche wird vom BGH ausdrücklich als eine „Hauptleistungspflicht des Haftpflichtversicherers" gewertet.

Der Versicherer hat ein Wahlrecht, ob er nach Eintritt des Versicherungsfalls zunächst in die Abwehr einsteigen möchte oder aber bereits die als begründet erachteten Schadenersatzansprüche befriedigt. Wegen der häufig anzutreffenden Komplexität der Sachverhalte – einhergehend mit einer oftmals wenig substantiierten Darlegung der behaupteten Anspruchsgründe – kommt aber in der Praxis dem Abwehrschutz die wesentliche Bedeutung zu. Für eine optimale Abwehr von Ansprüchen gegen den Geschäftsführer kommen hochspezialisierte Rechtsanwälte zum Einsatz, sodass dem Versicherer bei der – möglicherweise mehrere Jahre dauernden – Abwehr bereits hohe Kosten entstehen. Insofern müssen auch nicht selten zu lesende Presseveröffentlichungen, dass „die D&O-Versicherer nicht zahlen" vor diesem Hintergrund deutlich relativiert werden.

Nach Maßgabe des aufgezeigten Bedingungswerkes kann der Versicherer Abwehrschutz auch bereits vor Eintritt des Versicherungsfalls zur Verfügung stellen, sofern der Eintritt des späteren Versicherungsfalls aufgrund der konkret aufgeführten Umstände droht. Von einer solchen oder ähnlichen Regelung wird bei der Schadenbearbeitung häufig Gebrauch gemacht, da eine rechtzeitig begonnene Verteidigungsstrategie regelmäßig schadenmindernde Auswirkungen hat.

Tipp

Melden Sie Ihrem Versicherer auch bereits ernsthaft drohende Versicherungsfälle, damit rechtzeitig eine Verteidigungsstrategie erarbeitet und ein Eskalieren der Sache idealerweise vermieden werden kann.

15.5 Ausschlüsse

D&O-Standardausschlüsse vergleichbar mit denen anderer Haftpflichtprodukte gibt es nur in sehr begrenztem Umfang. Zudem verfügen die meisten D&O-Policen über deckungserweiternde, aber auch deckungseinschränkende besondere Vereinbarungen. Den Ausschlüssen kommt gemeinhin zusammen mit den besonderen Vereinbarungen erhebliche Bedeutung zu, weil sie neben der Qualität der Schadenbearbeitung im Wesentlichen den Wert der D&O-Police bestimmen. Das Vorliegen der Voraussetzungen eines Ausschlusstatbestandes hat dabei grundsätzlich der Versicherer zu beweisen.

Wissentliche Pflichtverletzung

Der Ausschluss der wissentlichen bzw. – gemäß einiger Regelungen in anderen Bedingungswerken – der vorsätzlichen Pflichtverletzungen zählt zu den angesprochenen Standardklauseln und entspricht dem Grundprinzip, dass die Versichertengemeinschaft nicht mit einem vorsätzlich verursachten Schaden belastet werden soll. Es handelt sich hierbei um den zentralen Ausschlusstatbestand von D&O-Deckungen. Positiv formuliert heißt dies aber auch, dass jedenfalls alle fahrlässigen – auch grob fahrlässigen – Pflichtverletzungen mitversichert sind.

Eine wissentliche Pflichtverletzung begeht, wer sich sowohl der Pflicht als auch ihrer Verletzung im Zeitpunkt der Tat bewusst ist. Für das Vorliegen einer vorsätzlichen Pflichtverletzung muss die versicherte Person auch den schädigenden Erfolg eines Pflichtenverstoßes als möglich vorhergesehen und zumindest billigend in Kauf genommen haben.

Es ist somit fraglich, welche Formulierung den weitergehenden Versicherungsschutz beinhaltet. Gute D&O-Anbieter zeichnen sich deshalb dadurch aus, dass sie unter Berücksichtigung des jeweiligen Wunsches der Versicherungsnehmerin „wissentliche" oder „vorsätzliche" Pflichtverletzung alternativ abbilden können:

Tipp

Falls der Geschäftsführer sichergehen will, optimalen Versicherungsschutz auch bei dem zentralen Vorsatz-Ausschluss zu haben, sollte vom Versicherer folgende Klausel etwa wie folgt bestätigt werden: „Kein Versicherungsschutz besteht für Haftpflichtansprüche im Zusammenhang mit wissentlicher, alternativ vorsätzlicher Pflichtverletzung. Es gilt die im Einzelfall für die versicherte Person jeweils günstigere Alternative."

15.6   US-Recht

Besondere Bedeutung kommt dem Ausschluss bzw. der Regelung bzgl. der außereuropäischen Haftung zu, insbesondere hinsichtlich solcher Ansprüche, welche in den USA oder nach dem dort geltenden Recht erhoben werden. Grund für diese Regelung ist, dass das Haftungsrisiko in den USA wesentlich größer ist als in Europa. Aktionäre können nach dem in den USA geltenden Recht die Ansprüche der Gesellschaft im eigenen Namen im Wege der Prozessstandschaft geltend machen. Zudem besteht ein höheres Kostenrisiko, da jede Partei ihre eigenen Verfahrenskosten zu tragen hat, also unabhängig vom Ausgang der konkreten Rechtsstreitigkeit.

Tipp

Sofern Sie keine in den USA belegenen Risiken – etwa dortige Tochterunternehmen – mitzuversichern haben, kann sich dies günstig auf die Kalkulation der Jahresprämie auswirken.

15.7   Weitere Ausschlüsse

Ferner erwähnenswert sind die Ausschlüsse von Haftpflichtansprüchen im Zusammenhang mit einer Produkthaftung, Spekulationsgeschäften oder Dienstleistungen. Der Dienstleistungsausschluss dient dabei der versuchten Abgrenzung der operativen Tätigkeit zu der versicherten organschaftlichen Tätigkeit, wobei damit z.T. bekannte Ausschlüsse aus der Betriebshaftpflichtversicherung angewandt werden.

Tipp

Der Dienstleistungsausschluss sollte grundsätzlich so gestaltet sein, dass zumindest Ansprüche wegen Organisations- oder Überwachungsverschulden nicht mit ausgeschlossen sind.

Soweit es vertretbar erscheint, sollte der Katalog an Ausschlüssen in D&O-Verträgen überschaubar bleiben und sich grundsätzlich an den Allgemeinen Bedingungen orientieren. Insofern bildet lediglich ein klares und verständliches Bedingungswerk die sichere Grundlage für Vertragstransparenz. Eine in diesem Zusammenhang leicht unterschätzte Klausel ist der Ausschluss von laufenden und bereits anhängigen Rechtssachen, der sog. „ppl-Ausschluss"; „ppl" steht für prior and pending litigations.

Tipp

Es ist darauf zu achten, dass die D&O-Police nicht ohne besonderen Grund einen „ppl-Ausschluss" aufweist, da hierdurch sämtliche anhängigen und laufenden Rechtssachen – auch solche gegen die GmbH – sachverhaltsmäßig nicht vom Versicherungsschutz erfasst sind.

15.8   Versicherung für fremde Rechnung

Nach §§ 44, 45 VVG stehen die Rechte aus dem Versicherungsvertrag „dem Versicherten", also der GmbH, zu. Ohne Zustimmung der Versicherungsnehmerin kann die versicherte Person folglich die Rechte aus dem Vertragsverhältnis nur dann ausüben, wenn sie im Besitz eines Versicherungsscheins ist.

Damit die Versicherungsnehmerin aber nicht willkürlich zum Nachteil einzelner versicherter Personen über die Inanspruchnahme der D&O-Police verfügen kann, sind Regelungen, wonach die Rechte aus dem Versicherungsvertrag den versicherten Personen zustehen, nicht unüblich. Zu beachten ist aber, dass je nach Ausgestaltung einer solchen Regelung der Aspekt des „geldwerten Vorteils" verstärkte Bedeutung bekommen könnte, wobei grundsätzlich die D&O-Versicherung dieses Steuerproblem jedoch nicht provoziert (vgl. S. 48).

15.9   Obliegenheiten

Wichtig im Zusammenhang mit den Obliegenheiten ist vor allem, dass jeder Versicherungsfall dem Versicherer innerhalb einer Woche nach Kenntniserlangung schriftlich anzuzeigen ist und dass die versicherte Person eine Pflicht zur Abwehr und Minderung des Schadens hat. Sie hat den Versicherer somit bei der Schadenermittlung und -abwehr im Rahmen des Zumutbaren zu unterstützen, ihm wahrheitsgemäß zu berichten und alle für die Beurteilung des Versicherungsfalls erheblichen Informationen und Schriftstücke vorzulegen.

Tipp

Geschäftsführer sollten ihre vertraglichen Obliegenheiten kennen und diese unbedingt einhalten. Anderenfalls wird der Versicherungsschutz massiv gefährdet.

15.10 Zusammenfassung bedeutender Bedingungsinhalte

Auf der Bedingungsseite sind zusammengefasst folgende 12 Punkte zu berücksichtigen, um mit einem guten Gefühl bei den täglichen Entscheidungen als Geschäftsführer bestehen zu können.

Tipp

Wichtige Deckungsinhalte einer D&O-Versicherung

- Mitversicherung faktischer Organtätigkeit
- Kostenübernahme bei drohendem Versicherungsfall
- freie Anwaltswahl
- Unterstützung in Straf-, Ordnungswidrigkeitenverfahren
- klarer Ausschlusskatalog
- Mitversicherung von Fremdmandaten
- Versicherungsschutz für Innen- und Drittansprüche
- unbegrenzte Rückwärtsdeckung
- (persönliche) Nachmeldefrist-Regelung
- abschließender Katalog anzeigepflichtiger Gefahrerhöhungen
- eindeutige „Kenntnis"-Zurechnung
- Gehaltsfortzahlung

Was aber sinnvollerweise alles unter einer D&O-Police versichert werden kann und sollte, zeigt exemplarisch die folgende Aufstellung zu wesentlichen, z.T. sublimierten, Bedingungsinhalten:

15.11 Übersicht erheblicher D&O-Bedingungsinhalte

- weitgehende Definition des erweiterten Vermögensschadens, mit u.a.
  - Schäden von Anteilseignern wegen Wertverlusten
  - Haftpflichtansprüchen wegen immaterieller Schäden nach dem AGG oder ähnlicher Vorschriften
- Anzeige von Umständen auch nach Vertragsbeendigung
- Kostenübernahme bei drohenden Haftpflichtansprüchen bereits bei Anzeige von Umständen (vorbeugende Rechtskosten)
- Kostenübernahme bei Sofortmaßnahmen
- Kostenübernahme der Stellung einer Sicherheitsleistung und Kaution

- Kostenübernahme in Arrest- und Verbotsverfahren
- volle Kostenübernahme bei Mischfällen versicherter / nicht versicherter Personen und versicherter Personen / Versicherungsnehmerin oder Tochterunternehmen bei gleicher Anwaltsvertretung
- Kostenübernahme eines Konfliktmanagers
- weitere Leistungen:
  - Übernahme von Kosten zur Minderung von Reputationsschäden
  - Verteidigung gegen Abmahnung, Abberufung oder Kündigung
  - anwaltliche Beratung vor Einleitung eines behördlichen Verfahrens
  - Unterstützung in Straf-, Ordnungswidrigkeiten- oder sonstigen behördlichen Verfahren
  - Unterstützung in Standes-, Disziplinar- und Aufsichtsverfahren
  - Unterstützung in Auslieferungsverfahren
  - Unterstützung bei Zeugenvernehmung
  - Abwehr von Unterlassungs- und Auskunftsansprüchen
- Leistungen zugunsten der Versicherungsnehmerin, u. a.:
  - Übernahme von Kosten bei Firmenstellungnahme
  - Unterstützung bei aufsichtsrechtlichen Sonderuntersuchungen
- Rückforderungsverzicht bei Kosten
- persönliches Zusatzlimit für Organmitglieder der Versicherungsnehmerin
- Abwehrkostenzusatzlimit
- komplette Vorleistung bei Bestreiten der Eintrittspflicht des anderen Versicherers
- kein Ausschluss wissentlicher Pflichtverletzung bei Verletzung von unternehmensinternem Recht
- sehr weitgehender Kreis versicherter Personen, inklusive:
  - Arbeitnehmer oder Gesellschafter bei faktischer Organtätigkeit
  - Interimsmanager
  - persönlich haftende Gesellschafter
  - Gesellschafter einer führungslosen GmbH
- Mitversicherung von Compliance-, Datenschutz-, Geldwäsche- und sonstigen besonders Beauftragten
- Versicherung von Fremdmandaten in externen Unternehmen und in Verbänden und gemeinnützigen Organisationen
- Versicherungsschutz für Tätigkeit bei – ggf. unvollendeter – Gründung von Tochterunternehmen
- prämienfreier automatischer Versicherungsschutz bei neu hinzukommenden Tochterunternehmen mit Bilanzsumme von max. 100 % der Bilanzsumme der Versicherungsnehmerin

- Versicherungsschutz versicherter Personen für Organtätigkeiten bei ehemaligen Tochterunternehmen
- bis zu 12 Jahre unverfallbare Nachmeldefrist
- persönliche unverfallbare Nachmeldefrist von 12 Jahren
- Verzicht auf Kündigung im Versicherungsfall
- fortbestehender Versicherungsschutz ohne automatischen Ablauf bei Neubeherrschung, Liquidation und Insolvenz der Versicherungsnehmerin
- kein Verlust der Nachmeldefrist bei Neubeherrschung, Liquidation, Insolvenz und Prämienzahlungsverzug
- Versicherungsschutz für gutgläubige versicherte Personen trotz Kündigung oder Rücktritts wegen vorvertraglicher Anzeigepflichtverletzung

Auf die bereits erwähnte Eigenschaden-Deckung (s. 14.3) wird aus den zuvor dargestellten Aspekten an dieser Stelle nicht mehr eingegangen.

Diese Aufstellung macht aber auch so deutlich, warum bei der heutigen Vielzahl von Deckungselementen der Abschluss einer D&O-Versicherung zur „Chefsache" erklärt werden sollte. Denn nur hundertprozentige Klarheit über den Bedingungsumfang der gewünschten D&O-Police und auch ein gutes Gefühl bezüglich der Expertise des Versicherers bei der Handhabung von D&O-Schadenfällen sollten als Entscheidungsgrundlage für den betroffenen Geschäftsführer herangezogen werden. Unter Werthaltigkeitsaspekten kommt deshalb schon der Wahl des „richtigen" D&O-Versicherers eine wesentliche Bedeutung zu. Dies gilt also nicht nur wegen der optimalen und zweckorientierten Gestaltung der Versicherungslösung, sondern umso mehr, da die Herangehensweise der D&O-Versicherer im Schadenfall sehr unterschiedlich ist.

16 Der Schadenfall in der D&O-Versicherung

Die D&O-Versicherung schützt Unternehmensleiter, also überwiegend Geschäftsführer, vor den nicht selten existenzbedrohenden Folgen erhobener Haftpflichtansprüche. Was passiert aber, wenn dem Versicherer ein Schadenfall gemeldet wird? Womit müssen Geschäftsführer und Unternehmen nun rechnen? Was kommt auf sie zu? Die folgenden Ausführungen geben einen ersten Überblick.

16.1 Schutzzweck der D&O-Versicherung

Alles, was im Schadenfall geschieht, dient dazu, den Zweck der D&O-Versicherung zu realisieren. Er besteht darin, dem von einem Haftpflichtvorwurf betroffenen Geschäftsführer nach Maßgabe des Versicherungsvertrags zur Seite zu stehen. Das geschieht im Wesentlichen, indem der Versicherer zunächst eine Deckungsprüfung vornimmt. Bei der Deckungsprüfung wird untersucht, ob und inwieweit der vorliegende Schadenfall unter den Schutz der D&O-Versicherung fällt, also hierfür Versicherungsschutz besteht. Sodann, wenn Deckung besteht, gilt es entweder den Haftpflichtanspruch für die jeweilige versicherte Person abzuwehren oder die Haftpflichtforderung des Geschädigten zu bezahlen. Die D&O-Versicherung schützt den Geschäftsführer vor allem gegenüber Haftpflichtansprüchen des eigenen Unternehmens. Auch in diesem Fall verteidigt der Versicherer den Geschäftsführer also gegen unbegründete Ansprüche und stellt ihn im Rahmen des Versicherungsvertrags von einer erwiesenen Schadenersatzpflicht frei.

Wenn gelegentlich geäußert wird, dass der Versicherer der versicherten Person zur Seite steht und ihn auch gegen sein Unternehmen verteidigt, ist nicht gemeint, dass Versicherer und Unternehmen sich im Haftpflichtfall erbarmungslos bekämpfen müssen Bildlich gesprochen stellt sich der Versicherer nämlich zwischen die Streitparteien – Geschäftsführer und Unternehmen – und versucht, auf der Grundlage seiner Expertise für die haftungsrechtliche Beurteilung von Sachverhalten zu vermitteln, um eine letztlich einvernehmliche Beilegung der Streitigkeit zu erreichen. Nur wenn keine Einsicht für die Zweckmäßigkeit einer einvernehmlichen Streiterledigung hergestellt werden kann, ist eine prozessuale Auseinandersetzung unvermeidlich. Auch diese Vermittlungsfunktion des D&O-Versicherers ist es, die es rechtfertigt, dass die Prämie für den Versicherungsschutz durch das versicherungsnehmende Unternehmen gezahlt wird. Es kann also viel „Porzellan" erhalten bleiben, wenn der Versicherer deeskalierend tätig wird. Insofern ist es kaum hilfreich, wenn ein D&O-Versicherer im Schadenfall mehrseitige Fragebögen an die Betroffenen versendet. Vielmehr ist es zielführend, proaktiv in einen Kommunikationsprozess mit der Anspruchstellerseite und dem oder den betroffenen Geschäftsführer(n) einzutreten.

16.2   Der zu regulierende Sachverhalt

Was dem Versicherer mit einer Schadenanzeige gemeldet wird, ist zunächst nur von vorläufiger Bedeutung. Nach Erhalt einer Schadenanzeige besorgt sich der Versicherer selbst weitere Informationen, die er zur Schadenbearbeitung benötigt. Zu diesem Zweck wendet er sich an den betroffenen Geschäftsführer, der ja als versicherte Person die Rechte aus dem Versicherungsvertrag geltend macht und den eigene Obliegenheiten treffen, sowie an das versicherungsnehmende Unternehmen. Beide, Geschäftsführer und Unternehmen, sind gehalten, dem Versicherer sachdienliche Auskünfte zum Schadenfall zu erteilen und ihm Belege zu überlassen, beispielsweise den Anstellungsvertrag, den Gesellschaftsvertrag, die Geschäftsordnung, Sitzungsprotokolle, E-Mail-Verkehr etc. Der Versicherer darf alle Auskünfte und Belege verlangen, die er für seine Deckungs- und Haftungsprüfung benötigt. Da er von allen Beteiligten derjenige ist, der den Sachverhalt am wenigsten kennt, ist er auf die Mitarbeit der anderen angewiesen, um seine versicherungsvertraglichen Aufgaben erfüllen zu können. Folglich kann er auch leistungsfrei werden, wenn Geschäftsführer oder Unternehmen die Auskunftsobliegenheit verletzen. Eines sollte im Schadenfall also nicht getan werden: Dem Versicherer Auskünfte oder Belege zu verweigern oder ihn unzutreffend zu informieren.

Erfahrungsgemäß benötigt die Ermittlung des relevanten Sachverhalts relativ viel Zeit. Ein Haftpflichtvorwurf ist schnell erhoben. Die Berechtigung des Vorwurfs lässt sich aber nicht ohne weiteres feststellen. Zu viele Abwägungen sind nötig, bei denen es auf zu viele Details ankommt. Das gilt nicht nur für die Frage, ob überhaupt eine Haftpflicht besteht, sondern (bejahendenfalls) ebenso für die nicht weniger klärungsbedürftige Frage, in welcher Höhe gehaftet wird. Die Praxis zeigt, dass nahezu kein Haftpflichtanspruch genauso berechtigt ist, wie er erhoben wird. Was auf den ersten Blick als pflichtwidrige Schadenverursachung erscheint, erweist sich bei genauem Hinsehen und unvoreingenommener Würdigung häufig als noch vertretbares Handeln oder weit weniger schädlich als vermutet. Vor allem ist nicht jede Vermögenseinbuße, die ein Unternehmen erleidet, bereits ein ersatzpflichtiger Schaden. Unternehmerisches Handeln bringt naturgemäß Risiken mit sich. Deren Realisierung begründet deshalb auch nicht regelmäßig, sondern allenfalls ausnahmsweise eine Haftpflicht.

16.3   Die Regulierung von Unternehmensinsolvenzen in der D&O-Versicherung.

Die D&O-Versicherer haben im Kontext der Unternehmensinsolvenzen regelmäßig exponierte Schadenfälle zu regulieren. Nach § 64 GmbHG bzw. § 93 Abs. 3 Nr. 6 AktG haftet ein Unternehmensleiter persönlich mit seinem Privatvermögen für masseschmälernde Handlungen nach Insolvenzreife. In der Krise eines Unternehmens ist Organmitgliedern daher eine ganz besondere Wachsamkeit bei sämtlichen Zahlungen anzuraten. Denn gerade im Falle der Insolvenz besteht für sie die deutlich erhöhte Gefahr einer persönlichen Inanspruchnahme, weil der Insolvenzverwalter schon beinahe automatisch versuchen wird, mit werthaltigen Ersatzansprüchen die Insolvenzmasse zu vergrößern. Da schon

Zahlungseingänge auf einem debitorisch geführten Kontokorrentkonto als Zahlungen i. S. d. § 64 GmbHG bzw. § 93 Abs. 3 Nr. 6 AktG zu verstehen sein können, wird deutlich, wie einfach auch hohe Forderungen an den Unternehmensleiter gestellt werden können. Entsprechend häufig sind es Ansprüche im Millionenbereich, womit die Insolvenzverwalter versuchen, insolvenzbedingte Einbußen zu kompensieren. So ist die Haftungssituation in der Insolvenz eines Unternehmens für Organmitglieder ein sehr scharfes Schwert. Die meist hochsummigen Schadenersatzansprüche erzwingen unmittelbar bereits hohe Abwehrkosten durch die Beauftragung spezialisierter Rechtsanwälte. Fraglich ist jedoch, ob die Ansprüche nach § 43 Abs. 2, § 64 GmbHG überhaupt vom Versicherungsschutz einer D&O-Police umfasst sind. Die vorgenannte Norm stellt nach herrschender Meinung keinen Schadenersatzanspruch dar und hat auch keinen schadenersatzähnlichen Charakter (Lange, D&O-Versicherung und Managerhaftung, § 8 Rz. 19).

So hat auch das OLG Düsseldorf entschieden (Oberlandesgericht Düsseldorf – Az. 4 U 93 / 16, https://www.justiz.nrw.de/nrwe/olgs/duesseldorf/j2018/4_U_93_16_Urteil_20180720.html, zuletzt abgerufen am 27. 02. 2019), dass es sich bei Ansprüchen nach § 64 GmbHG nicht um einen gesetzlichen Haftpflichtanspruch handelt, der unter den D&O-Versicherungsschutz fällt. Danach handelt es sich bei § 64 GmbHG um einen „Ersatzanspruch eigener Art", der damit grundsätzlich nur dann unter einer D&O-Police versichert ist, wenn es dort in den Versicherungsbedingungen ausdrücklich so geregelt ist. Wer hier also Sicherheit haben möchte, sollte dahingehend seinen D&O-Vertrag prüfen und ggf. mit seinem Versicherer eine klarstellende Vereinbarung treffen, wie künftige Fälle mit Inanspruchnahmen nach den vorgenannten Normen zu handhaben sind bzw. eine Bedingungsanpassung vornehmen.

Aber selbst wenn man die entsprechende Deckung bestätigt bekommt, stellt sich die Frage, ob und ggf. wie sich die Eröffnung des Insolvenzverfahrens über das Vermögen des Unternehmens auf die von ihr als Versicherungsnehmerin geschlossene D&O Versicherung ansonsten auswirkt. Allein aufgrund der Insolvenzeröffnung besteht weder für den D&O-Versicherer noch für den Insolvenzverwalter ein außerordentliches Kündigungsrecht. Daher versuchen einige D&O-Anbieter sich durch besondere Bedingungsgestaltungen eine an die Insolvenz anknüpfende „Ausstiegsmöglichkeit" zu verschaffen. So finden sich Klauseln, die bestimmen, dass bei Eröffnung des Insolvenzverfahrens die D&O-Versicherung automatisch sofort oder zum Ende der Versicherungsperiode beendet wird. Hierzu hat der BGH schon vor einiger Zeit in anderem Zusammenhang (Urteil vom 15.11.2012 – Az. IX ZR 169 / 11; NJW 2013, 1159) festgehalten, dass Lösungsklauseln, die an den Insolvenzantrag oder die Insolvenzeröffnung anknüpfen, unwirksam sind. Anderenfalls könnte sich der Vertragspartner allein wegen der Insolvenz von einem für die Masse günstigen Vertrag lösen. Da bei den in Anspruch genommenen Organmitgliedern die geforderten Schadenssummen meist nicht zu realisieren sind, kommen hier regelmäßig die D&O-Versicherungen ins Spiel und werden entsprechend häufig „getriggert". Zwar ist die Zahl der Unternehmensinsolvenzen in Deutschland seit einigen Jahren stetig rückläufig, dennoch birgt fast jede Firmeninsolvenz ein immenses Haftungspotenzial – nicht selten höher als die vorhandenen Versicherungssummen.

Wer als einzelnes Organmitglied für sich persönlich Sicherheit haben und eine Privatin-solvenz im Schadenfall verhindern möchte, der sollte sich vertieft Gedanken über den Abschluss einer Individual- bzw. sogenannten „Personal D&O-Versicherung" machen. Mit einer solchen Police ist der Geschäftsführer „Herr der Deckung", d. h. er kann die Be-dingungsinhalte gestalten und die Versicherungssumme bestimmen, die ausschließlich für ihn persönlich zur Verfügung steht. Vom Bestehen einer solchen Police bekäme ein Insolvenzverwalter üblicherweise keine Kenntnis, was bei nicht vorhandener Unterneh-mensdeckung auch die Wirkung haben könnte, dass sich dann die Begehrlichkeiten bei dem Versuch der Massemehrung in realistischeren Grenzen halten könnten.

Denn eines sollte klar sein: Mit dem Ende der Niedrigzinspolitik dürfte auch die Zahl der Unternehmensinsolvenzen in Deutschland wieder ansteigen.

16.4   Das Regulierungsverhalten des Versicherers

Das Vertrauen der versicherten Personen ist das Kapital des Versicherers. Niemand will es leichtfertig verspielen. In der veröffentlichten Meinung wird zwar bisweilen ein negatives Bild der D&O-Versicherung gezeichnet, indem behauptet wird, dass Deckun-gen verweigert oder Regulierungen verschleppt würden. In der Regel wird hierbei aber verkannt, dass eine Hauptleistung des Versicherers in der Abwehr von Haftpflichtansprü-chen besteht und diese keine „Vollkasko-Versicherung" darstellt.

Die versicherungsnehmende Gesellschaft hat somit ein eigenes Interesse am Ab-schluss einer D&O-Versicherung – denn „die D&O-Versicherung nimmt der Gesellschaft das Risiko einer Insolvenz der versicherten Person (Manager) ab" (OLG München am 25.4.2005 – Az. 25 U 3940/04). Ein weiterer oft geäußerter Kritikpunkt ist der, dass die D&O-Versicherer im Schadenfall angeblich nur selten zahlen würden. Wie bereits aus-geführt, ist eine wesentliche Leistungskomponente von D&O-Policen die Abwehr unbe-rechtigter Ansprüche. Und da eine qualifizierte Abwehr selbstredend nur durch hochspe-zialisierte Rechtsanwälte erfolgen kann, können je nach Komplexität der Schadensache ganz schnell bereits einige hunderttausend Euro nur an Abwehrkosten auflaufen – die der D&O-Versicherer zahlt! Hinzu kommt, dass der überwiegende Teil an D&O-Scha-denfällen (außergerichtlich) vergleichsweise erledigt werden kann. Wie ebenfalls bereits ausgeführt, ist ein solches Vorgehen in den meisten Fällen sach- und interessengerecht und geschieht vor dem Hintergrund der Vermeidung einer Eskalation der jeweiligen An-gelegenheit. Die Kehrseite dieses Vorgehens ist aber, dass die meisten so getätigten Vergleichszahlungen nicht medienwirksam in Szene gesetzt werden, sondern der Sa-che geschuldet im Gegenteil meist sehr vertraulich und diskret behandelt werden. Nicht zuletzt dient ein solches Regulierungsverhalten also auch dem Reputationsschutz. Da ein derart „geräuschloser" Ausgang einer streitigen Auseinandersetzung meistens im gemeinsamen Interesse liegen wird, sind solche D&O-Anbieter, die auch alternativen Streitbeilegungsmöglichkeiten offen gegenüberstehen, bei den Versicherungsnehmern klar im Vorteil.

Tipp

Verhalten im Schadenfall:

- Ruhe bewahren und

- unverzüglich den D&O-Versicherer kontaktieren und das weitere Vorgehen abstimmen;

- versicherungsvertragliche Obliegenheiten beachten;

- den Vorwurf entlastende Dokumente (Sitzungsprotokolle o. Ä.) zusammenstellen;

- ggf. anwaltlichen Rat/Unterstützung einholen;

- keine voreiligen Handlungen vornehmen bzw. spontane Erklärungen abgeben.

Sonderbeiträge

17 Cyber-Risiken: Pflichten der Geschäftsführung

Von Jerome Nimmesgern, LL.M., Rechtsanwalt der Kanzlei Friedrich Graf von Westphalen & Partner mbB Köln

17.1 Ausgangslage

Nicht zuletzt durch die beinahe täglichen Schlagzeilen über Hacker-Angriffe in der Politik und Wirtschaft ist das Thema „Cyber-Risiken" in aller Munde. Die Digitalisierung – Stichworte: „Industrie 4.0" und „Big Data" – schreitet unaufhaltsam voran. Längst werden die täglichen Geschäfte des Wirtschaftslebens über Datennetzwerke abgewickelt: Von E-Mail-Verkehr und Telefon, über Einkäufe, bis hin zu Bankgeschäften. Aber auch Maschinen, Produkte und Infrastrukturen werden immer mehr mit digitaler Technologie verknüpft und exponentiell vernetzt. Dadurch entstehen Chancen und Potentiale für unternehmerisches Wachstum. Es findet aber auch eine Risiko- und Kriminalitätsverlagerung in die – für viele noch „ungreifbare" – digitale Cyber-Welt statt.

Die wirtschaftlichen Schäden, die aus Cyberattacken entstehen, können ganz erheblich sein und Unternehmen im schlimmsten Fall in die Insolvenz führen. Für Unternehmen der produzierenden Industrie können beispielsweise allein wenige Stunden Produktionsstopp massive wirtschaftliche Schäden nach sich ziehen. Durch Cyberangriffe ist der deutschen Industrie in den vergangenen beiden Jahren ein Schaden von insgesamt 43,4 Md. € entstanden. Sieben von zehn Industrieunternehmen (68 %) sind in diesem Zeitraum Opfer entsprechender Angriffe geworden. Jedes fünfte Unternehmen (19 %) vermutet dies. Das sind – bemerkenswerte – Zahlen, die eine Studie des Digitalverbands Bitkom zu Tage gebracht hat, für die 503 Geschäftsführer und Sicherheitsverantwortliche quer durch alle Industriebranchen repräsentativ befragt wurden[1].

Mit diesem Beitrag soll Geschäftsführern die Relevanz der Themen Cyber-Risiken und Cyber-Sicherheit verdeutlicht, Risiken aufgezeigt und Handlungsmöglichkeiten skizziert werden.

17.2 Welche Risiken gibt es?

Die Risiken für die IT-Infrastruktur von Unternehmen sind vielfältig. Als typische Fälle von Angriffen auf die IT-Infrastruktur von Unternehmen sind beispielsweise der Datendiebstahl, die Verschlüsselung durch Schadsoftware (Ransomware) oder sogenannte DDoS-Attacken (Distributed-Denial-of-Service) zu nennen.

---

[1] https://www.bitkom.org/Presse/Presseinformation/Attacken-auf-deutsche-Industrie-verursachten-43-Milliarden-Euro-Schaden.html, zuletzt abgerufen am: 18.02.2019.

17.2.1 Datendiebstahl

Beim Datendiebstahl verschaffen sich Unbefugte geheime oder geschützte Daten, um sie im Anschluss für eigene Zwecke (gewinnbringend) zu nutzen. Dabei können sich die Daten auf einem „physischen" Datenträger befinden, wie beispielsweise einem USB-Stick, oder in einem digitalen Speicher, in den sich durch Hacking-Angriffe Zutritt verschafft wird, um sensible Daten – beispielsweise Passwörter oder Bankkarten-PINS, aber auch Dokumente wie Betriebsgeheimnisse oder Konstruktionszeichnungen – zu entwenden. Die auf diesem Wege erhaltenen Daten werden dann z. B. im Dark Web zum Kauf angeboten.

Der bislang größte (bekannt gewordene) Hacker-Angriff mit Datendiebstahl auf ein Unternehmen widerfuhr im Jahre 2013 dem Internetkonzern Yahoo („Yahoo Data Breach"). Drei Milliarden Nutzer wurden Opfer eines Hacker-Angriffs. Es wurden persönliche Daten (Namen, E-Mail-Adressen, Telefonnummern, Passwörter) gestohlen. Yahoo hatte vor allem einen hohen Reputationsschaden erlitten, der u. a. dazu führte, dass der amerikanische Telekom-Konzern Verizon sein Übernahmegebot für das Yahoo-Webportal um 350 Mio. US-Dollar senken konnte[2].

17.2.2 Datenverschlüsselung

Neben dem Datendiebstahl ist die Datenverschlüsselung durch das Aufspielen von Schadsoftware (sogenannte Ransomware) ein typisches Cyber-Risiko. Das Aufspielen kann auf unterschiedlichem Wege (z. B. über USB-Stick oder E-Mail-Anhänge) geschehen. Sobald ein Computer infiziert wurde, beginnt die Ransomware alle erreichbaren Daten zu verschlüsseln (auch verbundene Netzlaufwerke). Die verschlüsselten Daten sind dann nicht mehr lesbar und somit unbrauchbar. Zur Entschlüsselung bieten die Cyber-Kriminellen eine Entschlüsselung gegen Bitcoins an. Eine Entschlüsselung ohne Kenntnis des Schlüssels dauert extrem lange, weshalb in der Praxis oftmals das geforderte Erpressungsgeld gezahlt wird, obgleich eine Wiederherstellung der Daten nicht garantiert ist. Mittlerweile sind einige der verschiedenen Versionen von Ransomware bekannt und eine Entschlüsselung möglich. Ansprechpartner sind in diesen Fällen vor allem die Landeskriminalämter (LKA), an die sich Betroffene in einem solchen Fall wenden können.

Das wohl bekannteste Beispiel für den Einsatz von Ransomware ist die „WannaCry-Attacke" im Jahre 2017, von der nahezu 100 Länder betroffen waren. Weltweit wurden Computer verschlüsselt und Zahlungen erpresst. Da auch die Produktionssteuerung vieler Unternehmen von der Schadsoftware erfasst war, gab es weltweit Produktionsausfälle, z. B. bei Nissan und Renault. Auch das staatliche Gesundheitssystem National Health Service (NHS) in Großbritannien war betroffen: Allein durch die nicht zur Verfügung stehenden Systeme und die dadurch verpassten Termine, entstand dem NHS ein Schaden

---

2   https://www.sueddeutsche.de/digital/yahoo-hackerangriff-bei-yahoo-traf-alle-drei-milliarden-konten-1.3693671, zuletzt abgerufen am 18. 02. 2019.

von 92 Mio. britischen Pfund[3]. Der gesamte wirtschaftliche Schaden der Attacke wird auf bis zu vier Milliarden US-Dollar geschätzt, wobei die Täter vergleichsweise geringe Einnahmen erzielten: Nur etwa 100.000 US-Dollar wurden auf die Bitcoin-Konten der Erpresser eingezahlt[4].

17.2.3 Datenüberlastung

Durch sogenannte „DDoS-Angriffe" (Distributed-Denial-of-Service), die vergleichsweise selten vorkommen, werden Webseiten und Server angegriffen und mithilfe gezielter Überlastungsanfragen die Infrastruktur außer Funktion gesetzt. Der Rechner wird gezielt mit Anfragen überflutet, die das System nicht bewerkstelligen kann. Meist werden sogenannte „Botnetze" für den Angriff verwendet, die es durch vorheriges Aufspielen von Schadsoftware ermöglichen, Rechner aus der Ferne zu steuern und weitere Computer zu infizieren.

17.2.4 „Social Engineering"

Neben den vorgenannten typischen Beispielsfällen gibt es Fälle, in denen nicht die IT-Infrastruktur das alleinige Ziel der Angreifer bleibt, sondern (zusätzlich) der hinter dem Rechner agierende Mensch beeinflusst werden muss, damit die Täter an ihr Ziel gelangen (sog. „Social Engineering").

17.2.4.1 Fake President Frauds

Bekannt geworden sind in diesem Zusammenhang vor allem die sog. „Fake President Frauds" (auch: „CEO-Frauds" genannt). Das Muster: Die Täter hacken sich ins Firmennetzwerk, spähen Korrespondenzen aus und geben sich anschließend (am Telefon oder mittels gefälschter E-Mail-Accounts) als Führungskraft aus und üben hohen Druck auf Angestellte aus, dringende Zahlungen auf (Auslands-) Konten (der Täter) anzuweisen. Dabei wird strenge Vertraulichkeit und eine außerordentliche Bedeutung der Transaktion für das Unternehmen vorgespielt. Weil dem Mitarbeiter ein beachtliches Vertrauen suggeriert und gleichzeitig ein hoher Druck ausgeübt wird, besteht die Gefahr, dass den Mitarbeitern Details (wie Abweichungen der Mailadresse) nicht auffallen.

Mit der Fake President-Masche erbeuteten Täter in den Jahren 2016 und 2017 über 150 Mio. €[5]. Opfer eines Fake President Frauds wurde im Jahre 2016 beispielsweise auch der Automobilzulieferer Leoni aus Nürnberg, der circa 40 Mio. € auf ausländische Konten überweisen ließ. Binnen einer Stunde nach der Ad-hoc-Meldung des MDax notierten Unternehmens verlor die Aktie knapp 9 %[6].

---

3 https://www.telegraph.co.uk/technology/2018/10/11/wannacry-cyber-attack-cost-nhs-92m-19000-appointments-cancelled/, zuletzt abgerufen am 18. 02. 2019.

4 https://www.handelsblatt.com/finanzen/geldpolitik/globale-cyber-attacke-so-viel-verdienten-die-wannacry-erpresser/19830290.html?ticket=ST-1055092-ityxmAUwbXibUyR3JTcQ-ap1, zuletzt abgerufen am 18. 02. 2019.

5 https://www.gdv.de/de/medien/aktuell/fake-president-masche--kriminelle-erbeuten-mehr-als-150-millionen-euro-33240m zuletzt abgerufen am 18. 2. 2019.

6 https://www.capital.de/karriere/betrueger-erbeuten-40-mio-euro-von-leoni, zuletzt abgerufen am 18. 2. 2019.

17.2.4.2 Varianten

Die Fake President Methode kann auch in abgewandelten Versionen vorkommen:

Eine Abwandlung des klassischen Fake President Frauds läuft etwa wie folgt: Kurz nachdem die E-Mail des „falschen" Geschäftsführers eingegangen ist, ruft die vermeintliche IT-Abteilung des Unternehmens an und erklärt, dass ein Fake President Versuch entdeckt worden sei. Der „IT-Mitarbeiter" fordert den Angestellten gleichwohl auf, die Überweisung auszuführen unter dem Vorwand, dass die Polizei auf diesem Wege den Täter fassen könne[7].

Eine vergleichbare Methode und ebenfalls einen Fall des Social Engineering stellen die Fälle der „Payment Diversion" dar: Bei dieser Betrugsstrategie wird einem Mitarbeiter – nachdem die E-Mail-Kommunikation mit einem Geschäftspartner ausspioniert wurde – mitgeteilt, dass sich die Bankverbindung (die beispielsweise für Lieferzahlungen verwendet wurde) geändert habe und nun für alle künftigen Zahlungen gelte. Sofern der Betrug Erfolg hat, überweist das Unternehmen an die neue Bankverbindung. Erst mit der Zahlungserinnerung des „richtigen" Geschäftspartners werden Unternehmen auf den Betrug aufmerksam[8].

17.2.4.3 Handlungsempfehlungen

Das Bundeskriminalamt und die Landeskriminalämter haben hilfreiche Handlungsempfehlungen zur Prävention und Reaktion auf Fake-President-Attacken veröffentlicht, auf die nachfolgend hingewiesen werden soll:

Das Bundeskriminalamt hat einen „CEO-Fraud Warnhinweis" veröffentlicht[9], in dem es zum Schutz vor der Betrugsmasche zu folgenden präventiven Maßnahmen rät:
- Kontrolle, welche Unternehmensinformationen öffentlich sind bzw. wo und was die Mitarbeiter/innen im Zusammenhang mit dem Unternehmen publizieren;
- Einführung klarer Abwesenheitsregelungen und interner Kontrollmechanismen (Vier-Augen-Prinzip; MAC-Prinzip);
- Sensibilisierung der Mitarbeiter/innen hinsichtlich des Betrugsphänomens;
- Bei ungewöhnlichen Zahlungsanweisungen (vor Veranlassung der Zahlung): Überprüfen der E-Mails auf Absenderadresse und korrekte Schreibweise, Verifizieren der Zahlungsaufforderung über Rückruf bzw. schriftliche Rückfrage beim genannten Auftraggeber sowie Kontaktaufnahme mit der Geschäftsleitung bzw. dem Vorgesetzten;
- Bei Auffälligkeiten und Fragen Kontaktaufnahme mit der örtlichen Polizeidienststelle oder dem zuständigen Landeskriminalamt.

---

7   https://www.sueddeutsche.de/wirtschaft/fake-president-die-masche-mit-dem-chef-1.3710605, zuletzt abgerufen am 18.2.2019.

8   https://www.eulerhermes.de/payment-diversion.html, zuletzt abgerufen am 18.2.2019.

9   Download unter: https://www.bka.de/SharedDocs/Downloads/DE/IhreSicherheit/CEOFraud.html, zuletzt abgerufen am 18.2.2019.

Ist eine Überweisung durchgeführt worden, empfiehlt das Landeskriminalamt Baden-Württemberg die Einleitung folgender Maßnahmen mit dem Ziel der Sicherung der Gelder[10]:

- Sofortige Veranlassung eines Überweisungsrückrufes;
- Einschaltung einer Vertrauensperson (Mitarbeiter einer zum geschädigten Unternehmen gehörenden Niederlassung, Geschäftspartner, Rechtsanwalt etc.) bei Überweisungen in asiatische Länder – insbesondere China und Hong Kong – zur unverzüglichen Kontaktaufnahme vor Ort an die z. B. chinesische Empfängerbank;
- Sofortige Beauftragung eines örtlichen Rechtsanwalts im Empfängerland, um auf zivilrechtlichem Wege eine Kontosperre bzw. ein Verfügungsverbot zu erwirken;
- Kontaktaufnahme mit der zuständigen IHK, die über ihre Auslandsvertretung im betreffenden Land initiativ werden kann;
- Übermittlung einer Kopie der Überweisung bzw. Anzeigeerstattung bei der Empfängerbank zur Dokumentation der betrügerischen Geldtransaktion sowie der Legitimation des Handelns.

17.3 Welche Schäden drohen?

Wirtschaftliche Schäden, die einem Unternehmen nach einer erfolgreichen Cyber-Attacke entstehen, können in Eigenschäden und Drittschäden eingeteilt werden.

Typische Eigenschäden sind Kosten für die Aufklärung einer Cyber-Attacke und zur Datenwiederherstellung. Daneben – und das sind in der Regel die höchsten Vermögenseinbußen – stehen Kosten einer Betriebsunterbrechung und damit einhergehendem Produktionsausfall. Wird eine Cyber-Attacke öffentlich bekannt, leidet zudem die Reputation des betroffenen Unternehmens, was zu Gewinneinbußen und Aktienkursverlusten führen kann. Schließlich drohen Bußgelder gegenüber Aufsichtsbehörden, wenn beispielsweise in Folge einer Cyber-Attacke (bei unzureichender Sicherung persönlicher Daten auf dem Server) Verstöße gegen die Datenschutz-Grundverordnung (DSVGO) vorliegen. Die Eigenschäden können Unternehmen besonders hart treffen, wenn kein ausreichender Versicherungsschutz besteht (näheres in Abschnitt 17.5.4).

Drittschäden entstehen typischerweise, wenn vertragliche Verpflichtungen, wie die Einhaltung bestimmter Lieferfristen, gegenüber dem Geschäftspartner nicht eingehalten werden können und diesem dadurch Schäden entstehen. Hat das angegriffene Unternehmen gegen seine Pflichten (beispielsweise nach der DSGVO) verstoßen, kommen auch Ansprüche von Dritten in Betracht, die in keiner Vertragsbeziehung zum angegriffenen Unternehmen stehen.

---

10   Empfehlung vom 13. 10. 2016, abrufbar unter: https://www.bw.ihk.de/_Resources/Persistent/d3a01b149f-d8944b1f133d44e8e75cecc205befe/20161018%20Fake-President%20Ph%C3%A4nomenbeschreibung%20 und%20Handlungsempfehlung%20f%C3%BCr%20Unternehmen.pdf, zuletzt abgerufen am 18. 2. 2019.

17.4   Cyber-Sicherheit als Pflicht der Geschäftsleitung

Angesichts der mit der zunehmenden Digitalisierung steigenden Cyber-Risiken und der damit verbundenen Bedrohung der Existenz eines Unternehmens müssen sich Geschäftsführer, wenn noch nicht geschehen, unbedingt aktiv mit dem Thema Cyber-Sicherheit beschäftigen. Dazu sind sie von Gesetzes wegen angehalten:

17.4.1   Sorgfaltspflicht

Der Vorstand einer Aktiengesellschaft hat nach § 93 Abs. 1 Satz 1 Aktiengesetz (AktG) bei seiner Geschäftsführung die „Sorgfalt eines ordentlichen und gewissenhaften Geschäftsleiters" anzuwenden. Für den Geschäftsführer einer GmbH wird nach § 43 Abs. 1 GmbHG der gleiche Sorgfaltsmaßstab gefordert.

Diese Vorgabe wird von der Business Judgement Rule unterlegt: Eine Pflichtverletzung liegt nicht vor, wenn das Vorstandsmitglied bei einer unternehmerischen Entscheidung vernünftigerweise annehmen durfte, auf der Grundlage angemessener Information zum Wohle der Gesellschaft zu handeln (§ 93 Abs. 1 Satz 2 AktG). Die Sorgfaltspflicht wird dabei flankiert von der Pflicht der Geschäftsleitung, ein Überwachungssystem einzurichten, damit für den Fortbestand des Unternehmens gefährdende Entwicklungen früh erkannt werden (§ 91 Abs. 2 AktG). Der Vorstand hat insoweit „geeignete Maßnahmen" zu treffen. Der deutsche Corporate Governance Kodex (DCGK), der bekanntlich international und national anerkannte Standards für eine verantwortungsvolle Unternehmensführung enthält, konkretisiert, dass der Vorstand für ein angemessenes Risikomanagement und Risikocontrolling im Unternehmen zu sorgen hat (Ziff. 4.1.4 DCGK). Der Aufsichtsrat ist von der Geschäftsleitung regelmäßig, zeitnah und umfassend über alle für das Unternehmen relevanten Fragen, die Risikolage und das Risikomanagement zu informieren (Ziff. 3.4 DCGK).

Für den Bereich der Cyber-Sicherheit heißt das, dass die geforderte Sorgfalt der Unternehmensführung und die Einrichtung eines Überwachungssystems (Risikomanagementsystem) auch das Erkennen und Bekämpfen von IT-Risiken umfasst[11]. Dazu muss die Geschäftsführung sich mit den unternehmensspezifischen Cyber-Risiken vertraut machen, um sodann geeignete Maßnahmen zur Gewährleistung der Cyber-Sicherheit zu ergreifen (zum Risikomanagement vgl. Abschnitt 17.5)[12]. Die konkrete Ausgestaltung dieser Maßnahmen unterliegt dabei, wie bei der Errichtung einer angemessen Compliance-Organisation, dem Ermessen der Geschäftsleitung im Rahmen der Business Judgement Rule.[13]

Die Rolle des Aufsichtsrats – sofern ein solcher im Unternehmen vorhanden ist – soll an dieser Stelle ebenfalls erwähnt werden: Der Aufsichtsrat darf nicht untätig bleiben. Im Grundsatz gilt: Soweit die Geschäftsleitung zur Gewährleistung der IT-Sicherheit ver-

---

11   Schmidl in Hauschka / Moosmayer / Lösler, Corporate Compliance, 3. Aufl. (2016), § 28 Rn. 47.

12   Daghles, DB 2018, 2289, 2290.

13   Daghles, DB 2018, 2289, 2290.

pflichtet ist, kann auch eine entsprechende Überwachungspflicht des Aufsichtsrats bestehen[14]. Deshalb hat sich auch der Aufsichtsrat mit der IT-Sicherheit zu beschäftigen. Er hat geeignete Maßnahmen zur Sicherstellung der IT-Sicherheit einzufordern und zu kontrollieren, dass deren Angemessenheit und Effektivität regelmäßig überprüft werden[15].

17.4.2 Legalitätspflicht

Die Geschäftsleitung hat sich im Rahmen ihrer Entscheidungen an Recht und Gesetz zu halten. Hierzu gehört auch die Kontrolle und Überwachung, dass sich die Mitarbeiter rechtmäßig verhalten.

Über die anwendbaren Regelungen im Bereich der Cyber-Sicherheit muss sich die Geschäftsführung daher informieren. Auf die Auswahl folgender rechtlicher Anforderungen soll hingewiesen werden.

17.4.2.1 IT-Sicherheitsgesetz

Das Gesetz zur Erhöhung der Sicherheit informationstechnischer Systeme (IT-Sicherheitsgesetz) richtet sich an Betreiber kritischer Infrastrukturen. Das sind Einrichtungen, die den Sektoren Energie, Informationstechnik und Telekommunikation, Transport und Verkehr, Gesundheit, Wasser, Ernährung sowie Finanz- und Versicherungswesen angehören und von hoher Bedeutung für das Funktionieren des Gemeinwesens sind, weil durch ihren Ausfall oder ihre Beeinträchtigung erhebliche Versorgungsengpässe oder Gefährdungen für die öffentliche Sicherheit eintreten würden. Die Betreiber werden nach § 8a Abs. 1 BSIG (Gesetz über das Bundesamt für Sicherheit in der Informationstechnik) verpflichtet, angemessene organisatorische und technische Vorkehrungen zur Vermeidung von Störungen der Verfügbarkeit, Integrität, Authentizität und Vertraulichkeit ihrer IT-Systeme, Komponenten oder Prozesse zu treffen, die für die Funktionsfähigkeit maßgeblich sind. Die Erfüllung dieser Anforderungen ist nach § 8a Abs. 3 BSIG alle zwei Jahre nachzuweisen. Erhebliche Störungen müssen die Betreiber künftig an das Bundesamt für Sicherheit in der Informationstechnik melden.

17.4.2.2 BAIT/VAIT

Für deutsche Kredit- und Finanzdienstleistungsinstitute gilt nach den Mindestanforderungen an das Risikomanagement (MaRisk) des Rundschreibens 10/2012 der Bundesanstalt für Finanzdienstleistungsaufsicht (BaFin) vom 14.12.2012, dass die IT-Systeme und -Prozesse die Integrität, die Verfügbarkeit, die Authentizität sowie die Vertraulichkeit der Daten sicherstellen müssen und die Eignung der IT-Systeme und -Prozesse regelmäßig zu überprüfen ist. Erweitert worden sind diese Anforderungen durch die BaFin in den „Bankaufsichtlichen Anforderungen an die IT (BAIT)" mit dem Rundschreiben 11/2017[16]. Das Schreiben stellt u.a. Anforderungen an eine IT-Strategie und IT-Gover-

---

14   Heckmann, MMR 2006, 280, 282.

15   Vgl. hierzu näher: Gercke, Laschet, Schweinsberg, PHi 2/2014, 76, 80.

16   Abrufbar unter: https://www.bafin.de/SharedDocs/Downloads/DE/Rundschreiben/dl_rs_1710_ba_BAIT.pdf?__blob=publicationFile&v=9, zuletzt abgerufen am 18.2.2019.

nance und fordert die Etablierung eines Informationsrisiko-, Informationssicherheits- und Benutzerberechtigungsmanagements.

Für Versicherungsunternehmen gilt – in Ergänzung zu § 26 Versicherungsaufsichtsgesetz (VAG), wonach Versicherungsunternehmen verpflichtet sind, ein wirksames Risikomanagement zu etablieren – das Rundschreiben 10/2018 Versicherungsaufsichtliche Anforderungen an die IT (VAIT)[17]. Auch dieses enthält Vorgaben zur IT-Strategie und IT-Governance und fordert die Etablierung eines Informationsrisiko-, Informationssicherheits- und Benutzerberechtigungsmanagements.

17.4.2.3 DSGVO

Nach Art. 32 der europäischen – in Deutschland unmittelbar geltenden – Datenschutz-Grundverordnung (DSGVO) müssen Datenverarbeiter unter Berücksichtigung des Stands der Technik, der Implementierungskosten und der Art, des Umfangs, der Umstände und der Zwecke der Verarbeitung sowie der unterschiedlichen Eintrittswahrscheinlichkeit und Schwere des Risikos für die Rechte und Freiheiten natürlicher Personen geeignete technische und organisatorische Maßnahmen treffen, um ein dem Risiko angemessenes Schutzniveau zu gewährleisten. Bei Verstößen drohen Geldbußen von bis zu 20 Mio. € bzw. bis 4 % des gesamten weltweit erzielten Jahresumsatzes des vorangegangenen Geschäftsjahres, abhängig davon, welcher Betrag höher ist (Art. 83 DSGVO).

Wird die Verletzung des Schutzes personenbezogener Daten bekannt, ist die zuständige Datenschutzbehörde unverzüglich (möglichst binnen 72 Stunden) zu informieren (Art. 33 DSGVO).

17.4.2.4 GoBD

Unternehmen sollten bei der IT-basierten Buchführung die vom Bundesministerium für Finanzen herausgegebenen Grundsätze zur ordnungsmäßigen Führung und Aufbewahrung von Büchern, Aufzeichnungen und Unterlagen in elektronischer Form sowie zum Datenzugriff (GoBD[18]) beachten.

17.4.2.5 Gemeinsamkeiten

Die dargestellten Anforderungen stellen nur einen Ausschnitt von Vorgaben an die IT-Sicherheit dar. Es existieren beispielsweise weitere branchenspezifische Regelungen, wie in § 13 Abs. 7 Telemediengesetz, auf die hier nicht in Gänze eingegangen werden kann und soll.

Den dargestellten Anforderungen ist gemein, dass die Anforderungen abstrakt formuliert sind, d.h. ohne konkrete organisatorische oder sicherheitstechnische Maßnahmen aufzuzählen. Was unter dem „Stand der Technik" im Sinne der DSGVO zu verstehen ist,

---

17   Download unter: https://www.bafin.de/SharedDocs/Veroeffentlichungen/DE/Rundschreiben/2018/rs_18_10_vait_va.html, zuletzt abgerufen am 18.2.2019.

18   Abrufbar unter: https://www.bundesfinanzministerium.de/Content/DE/Downloads/BMF_Schreiben/Weitere_Steuerthemen/Abgabenordnung/Datenzugriff_GDPdU/2014-11-14-GoBD.pdf;jsessionid=3B8DDBC3CB0B69A28F986941A1C9026A?__blob=publicationFile&v=4, zuletzt abgerufen am 18.2.2019.

lässt die DSGVO beispielsweise unbeantwortet. Auf der anderen Seite können die dargestellten Anforderungen auch branchenübergreifend Ansatzpunkte für die Einrichtung der IT-Sicherheit bieten[19]. Die europäische und deutsche Gesetzgebung ist hier im Fluss und es steht zu erwarten, dass in Zukunft die Anforderungen an die IT-Sicherheit wachsen, aber auch konkreter werden.

Sofern bei der Absteckung des rechtlichen Rahmens für das eigene Unternehmen Unklarheiten bestehen, sollte Rechtsrat eingeholt werden.

17.5 Cyber-Risikomanagement

Zur Herstellung und Gewährleistung einer angemessen Cyber-Sicherheit und zur Erfüllung ihrer gesetzlichen Pflicht aus § 91 Abs. 2 Satz 1 AktGB ist es für die Unternehmensführung – neben Einhaltung der allgemeinen Sorgfalts- und Legalitätspflicht – unerlässlich, ein Cyber-Risikomanagement zu implementieren.

Dabei sollte in folgenden Schritten vorgegangen werden:

17.5.1 Analyse

Zunächst ist zu validieren, welchen konkreten Bedarf das Unternehmen hinsichtlich der Cyber-Sicherheit benötigt. Denn welche Maßnahmen konkret zu ergreifen sind, hängt von der individuellen Situation und Verletzlichkeit des Unternehmens ab.

Die Geschäftsführung hat eine Bewertung vorzunehmen, in welchem Maße sie ihr eigenes Unternehmen als von Cyber-Risiken angreifbar ansiedelt, um in einem zweiten Schritt sich dann mit den konkreten Risiken und Sicherungsmaßnahmen zu befassen. Generell gilt: Je abhängiger ein Unternehmen von seinen IT-Systemen ist, desto höher ist der Bedarf an Cyber-Sicherheit.

Die bloße Einrichtung von IT-Schutzmechanismen alleine genügt nicht. Vielmehr zählt auch die regelmäßige Überprüfung der Gefährdungslage und der zur Wahrung der IT-Sicherheit erforderlichen Maßnahmen zum Pflichtenkreis der Geschäftsleiter[20]. Analog den Vorgaben der Produktbeobachtungspflicht durch Betrachtung von Wettbewerbern haben die Führungsorgane entsprechend nicht nur den originären Einzelbereich ihres Unternehmens zu bewerten, sondern anhand von Auffälligkeiten, die öffentlich geworden sind, zu betrachten, ob von entsprechenden Problemen anderer Unternehmen auch das eigene betroffen sein kann[21].

---

19   Daghles, DB 2018, 2289, 2292.

20   Mehrbrey / Schreibauer MMR 2016, 75, 80.

21   Gercke, Laschet, Schweinsberg, PHi 2 / 2014, 76, 80.

Für die Umsetzung der Bewertung in der Praxis ist auf die Empfehlungen des Bundesamtes für Sicherheit in der Informationstechnik (BSI) zur „Cyber-Sicherheits-Exposition"[22] hinzuweisen, die das Management unterstützen sollen, die eigene reale Betroffenheit herauszuarbeiten, den Schutzbedarf festzustellen und darauf aufbauend das anzustrebende Cyber-Sicherheitsniveau zu definieren. Eine weitere (noch umfassendere) Bewertungshilfe zur Bedarfsbestimmung bietet der vom BSI und dem ISACA Germany Chapter e. V. veröffentlichte „Leitfaden Cyber-Sicherheits-Check"[23], der dabei hilft, den Status der Cyber-Sicherheit zu bestimmen. Der Check kann sowohl durch qualifiziertes, eigenes Personal, als auch durch externe Dienstleister, die ihre Kompetenz zur Durchführung von Cyber-Sicherheits-Checks durch eine Personenzertifizierung zum „Cyber-Security-Practitioner" nachgewiesen haben, durchgeführt werden. Der Test kann von einem bis zu mehreren Tagen dauern.

17.5.2   Implementierung der erforderlichen Maßnahmen

Ist die Analyse abgeschlossen, sind die erforderlichen organisatorischen und technischen Maßnahmen zur Sicherstellung der Cyber-Sicherheit zu ergreifen (präventiv wie reaktiv). Welche Maßnahmen konkret erforderlich sind, lässt sich pauschal nicht beantworten, sondern erfordert im Einzelfall eine sorgfältige unternehmensspezifische Prüfung und Abwägung.

Mittlerweile gibt es für Unternehmen Hilfestellung: Zu erwähnen ist zunächst, dass die International Organisation for Standardisation (ISO) und die International Electrotechnical Commission (IEC) internationale Standards zur Informationssicherheit herausgegeben haben (ISO/IEC 2700x-Reihe). Die ISO/IEC 27001 formuliert beispielsweise konkrete Anforderungen und Zielvorgaben zur IT-Sicherheit. Diese helfen zur Orientierung des Standes der Technik. Zu empfehlen ist darüber hinaus die Beachtung des vom BSI herausgegebenen „IT-Grundschutzkatalog"[24], der ISO 27001-kompatibel ist. Das BSI stellt für die verschiedensten Einsatzumgebungen sowohl eine Sammlung von Sicherheitsmaßnahmen als auch eine entsprechende Methodik zur Auswahl und Anpassung geeigneter Maßnahmen zum sicheren Umgang mit Informationen zur Verfügung.

Aus der Vielzahl an Quellen die konkret benötigten Cyber-Sicherheitsmaßnahmen zu filtern, ist kein leichtes Unterfangen. Das BSI hat das erkannt und als Hilfestellung kürzlich sog. „Basismaßnahmen der Cyber-Sicherheit"[25] (nebst Checkliste) veröffentlicht, die im Anschluss an die Empfehlungen des BSI zur Cyber-Sicherheits-Exposition (s. oben Ziff. 1) wichtige Einzelthemen herausstellt. Die Empfehlungen bieten einen sinnvollen Handlungsleitfaden zur Überprüfung und Eruierung der notwendigen Maßnahmen.

---

22   Abrufbar unter: https://www.allianz-fuer-cybersicherheit.de/ACS/DE/_/downloads/BSI-CS_013.pdf?__
blob=publicationFile&v=2, zuletzt abgerufen am 18. 2. 2019.

23   Abrufbar unter: https://www.bsi.bund.de/SharedDocs/Downloads/DE/BSI/Publikationen/Broschueren/Leitfaden-Cyber-Sicherheits-Check.pdf?__blob=publicationFile&v=2, zuletzt abgerufen am 18. 2. 2019.

24   Abrufbar unter: https://www.bsi.bund.de/DE/Themen/ITGrundschutz/ITGrundschutzKataloge/itgrundschutzkataloge_node.html, zuletzt abgerufen am 28. 2. 2019.

25   Abrufbar unter: https://www.allianz-fuer-cybersicherheit.de/ACS/DE/_/downloads/BSI-CS_006.pdf?__
blob=publicationFile&v=4, zuletzt abgerufen am 18. 2. 2019.

17.5.3 Vorschläge

Die Aufzählung folgender (beispielhaft aufgezählter) Maßnahmen[26] technischer, personeller und schulischer Natur, soll einen ersten Überblick über potentielle Handlungsfelder
geben:

17.5.3.1 Technische Maßnahmen

Die Notwendigkeit folgender Maßnahmen sollte ausgelotet werden:
- Absicherung von Netzübergängen (z. B. Identifikation der Netzübergänge, Seg-
mentierung des Netzes und Minimierung der Übergänge, Absicherung mit einem
Sicherheitsgateway, Schnittstellenkontrolle);
- Absicherung mobiler Zugänge (z. B. durch Beschränkungen der Berechtigun-
gen);
- Einsatz von Schutzprogrammen gegen Schadsoftware (z. B. Virenschutz);
- Vermeidung von offenen Sicherheitslücken durch Patchmanagement und aktuel-
le Software sowie Sicherheitsaktualisierungen;
- Gewährleistung einer sicheren Interaktion mit dem Internet (z. B. sichere Brow-
ser, sichere E-Mail Anwendungen, sichere Darstellung von Dokumenten);
- Logdatenerfassung- und Auswertung zur Aufdeckung von nicht offensichtlichen
Sicherheitsvorfällen und langfristig angelegten Angriffen;
- Inventarisierung der IT-Systeme zur Klärung der Systemtypen (Betriebssysteme
auf Servern und mobilen Clients);
- Sichere Authentifizierung (z. B. Zweifaktor-Authentifizierung);
- Sichere Nutzung sozialer Netzwerke (Beachtung der Schnittstellen und Sicher-
heitsoptionen);
- Implementierung einer „Backup-Strategie" zum Schutz vor Ransomware.

17.5.3.2 Personelle Maßnahmen

In personeller Hinsicht sind folgende Themen zu validieren:
- Durchführung einer herstellerneutralen Cyber-Sicherheitsberatung;
- Bestellung eines IT-Sicherheitsbeauftragten für die systematische Bewertung
und Überwachung der IT-Risiken;
- Einbindung externer Dienstleister wie Computer Emergency Response Team
(CERT);
- Bildung von Krisenteams.

---

26   Angelehnt an die BSI-Basismaßnahmen.

17.5.3.3 Schulungen und Übungen

Eine wichtige Präventionsmaßnahme ist die Schulung von Mitarbeitern, um die nötige Sensibilität herzustellen. Dies gilt insbesondere für den E-Mail-Verkehr. Denn E-Mails stellen – nach einer im Auftrag des GDV durchgeführten Forsa-Befragung im Frühjahr 2018[27] – das „Haupteinfallstor" für erfolgreiche Cyber-Angriffe dar. Der Umgang mit eingehenden E-Mails erfolgt in vielen Unternehmen zu fahrlässig. Dabei kann ein „falscher Klick" auf eine im Anhang übermittelte Schadsoftware ausreichen, um die gesamte IT zum Erliegen zu bringen.

Daran anknüpfend sind weitere Sensibilisierungsmaßnahmen sinnvoll, wie z. B:

- Bewältigung von Sicherheitsvorfällen (Übungen, Meldungen);
- Penetrationstests gegen die eigene IT;
- Regelmäßige Cyber-Audits;
- Automatisierte Schwachstellen-Überprüfungen;
- Grundschutz-Audit;
- Informationssicherheits-Revisionen;
- Analyse und Bewältigung von Sicherheitsvorfällen sowohl in simulierten Übungsszenarien als auch im Ernstfall, Durchführung forensischer Maßnahmen;
- Entwicklung und Tests von Notfallplänen;
- Entwicklung einer PR-Strategie;
- Sicherstellung eines aktuellen Informationsstandes durch Auswertung von Fachpublikationen.

17.5.4 Abschluss einer Cyberversicherung?

Zur Risikobewertung gehört auch die Überlegung des Abschlusses einer geeigneten Versicherung.

Zwar verfügen die meisten Unternehmen über eine Sach- und Haftpflichtversicherung, manche auch zusätzlich noch über eine D&O (Directors and Officers Liability Insurance) und/oder Vertrauensschadenversicherung, diese decken die aus Cyber-Risiken resultierenden Schäden aber oft nur unzureichend ab. Sachversicherungen basieren in der Regel auf dem Konzept eines – bei Cyber-Schäden nicht existierenden – materiellen Schadens, d.h. es bedarf einer Substanzbeeinträchtigung infolge eines chemischen oder physischen Ereignisses. Haftpflichtversicherungen wiederum decken insbesondere keine Eigenschäden des Versicherungsnehmers ab, die aber regelmäßig Folge einer Cyber-Attacke sind.

Mit einer Cyber-Versicherung kann der Versicherungsschutz erweitert werden. Sie wird mittlerweile von vielen Versicherern angeboten. Eine Auflistung von 38 Versicherern, die Cyberrisiken decken, bietet der Gesamtverband der Deutschen Versicherungswirtschaft

---

27 https://www.gdv.de/de/medien/aktuell/e-mails-sind-das-groesste-einfallstor-im-mittelstand-32684, zuletzt abgerufen am 18.2.2019.

e. V. (GDV) im Internet an[28]. Der GDV hat zudem im Jahr 2017 unverbindliche Muster-bedingungen für eine Cyberversicherungspolice entwickelt, die auf die Bedürfnisse von Unternehmen mit einem Umsatz bis 50 Mio. € und einer Größe bis 250 Mitarbeiter zuge-schnitten ist. Die Bedingungen sind unverbindlich und können von Versicherern fakultativ verwendet werden.

Gegenstand der Cyberversicherung sind nach den GDV Musterbedingungen („AVB Cy-ber") Vermögensschäden, die durch eine sog. Informationssicherheitsverletzung verur-sacht worden sind. Eine Informationssicherheitsverletzung ist eine Beeinträchtigung der Verfügbarkeit, Integrität und / oder Vertraulichkeit von elektronischen Daten (dazu zählen auch Software und Programme) des Versicherungsnehmers oder von informationsver-arbeitenden Systemen, die der Versicherungsnehmer zur Ausübung seiner betrieblichen oder beruflichen Tätigkeit nutzt.

Gedeckt werden im Umfang eines in den Bedingungen vorgesehenen „Bausteinprin-zips" – und das ist der Vorteil einer Cyberversicherung – Vermögensschäden sowohl in Gestalt von Eigenschäden als auch von Drittschäden. Eigenschäden sind (s. auch Abschnitt 17.3) insbesondere wirtschaftliche Schäden des Versicherungsnehmers durch Betriebsunterbrechung – der Versicherer zahlt hierfür beispielsweise einen vereinbarten Tagessatz – oder Kosten der Datenwiederherstellung und System-Rekonstruktion, die der Versicherer übernehmen kann. Drittschäden, wie Schadensersatzforderungen von Kunden wegen Datenmissbrauch und / oder Lieferverzug, werden vom Cyberversicherer, sofern sie berechtigt sind, entschädigt, und unberechtigte Forderungen abgewehrt. Als weiterer Baustein können Service-Leistungen vom Versicherungsschutz umfasst sein. Dazu können z. B. die Übernahme von Kosten für IT-Forensik-Experten zur Analyse, Beweissicherung und Schadenbegrenzung, für Anwälte für IT- und Datenschutzrecht zur Erfüllung der Informationspflichten oder für PR-Spezialisten für Krisenkommunikation zur Eindämmung des Imageschadens zählen. Was im Einzelnen versichert ist und was nicht, folgt aber stets aus dem jeweiligen Versicherungsvertrag.

Es lohnt sich, über den Abschluss einer Cyberversicherung nachzudenken. Die Gefahr von Cyberrisiken wird dadurch naturgemäß zwar nicht gebannt, die wirtschaftlichen Fol-gen nach einem Angriff können aber zumindest abgefedert werden.

17.6   Haftungsrisiko

Wird das Unternehmen durch einen Cyber-Angriff geschädigt, sind bei unzureichender IT- Infrastruktur Ansprüche der geschädigten Gesellschaft gegen ihre Geschäftsleitung denkbar: Eine Pflichtverletzung wird – außer in den Fällen, in denen gegen die Legali-tätspflicht verstoßen wurde – dann anzunehmen sein, wenn elementare Sicherheitsstan-dards nicht befolgt werden, die nach dem Stand der Technik und der gängigen Unter-nehmenspraxis zu erwarten gewesen wären[29]. Das wiederum hängt davon ab, welche

---

28   https://www.dieversicherer.de/service/wer-versichert-was/versicherer/14?p=Cyberversicherung, zuletzt abgeru-fen am 18. 2. 2019.

29   Mehrbrey / Schreibauer, MMR 2016, 75, 80.

Maßnahmen von den Unternehmen im Einzelfall zu fordern waren. Sofern das Unternehmen keine der in Abschnitt 17.5 erwähnten Maßnahmen angeht, wird jedenfalls von einer Pflichtverletzung auszugehen sein.

Im Rahmen eines Schadensersatzprozesses obliegt dem in Anspruch genommenen Geschäftsleiter gemäß § 93 Abs. 2 Satz 2 AktG die Darlegungs- und Beweislast für die fehlende Pflichtwidrigkeit seines Handelns. Dieser muss somit beweisen, dass er die notwendigen Maßnahmen getroffen hat, um Risiken für die IT-Sicherheit abzuwehren. Ein Geschäftsführer sollte auch aus diesem Grund unbedingt für eine sorgfältige Dokumentation der IT-Risikoanalyse und der getroffenen Maßnahmen sorgen.

Bleibt die Geschäftsleitung untätig, droht nicht nur die persönliche zivilrechtliche Haftung, sondern ggf. sogar eine Strafbarkeit, z. B. wegen Verletzung der Geheimhaltungspflicht gemäß § 404 AktG.

Auch vor diesem Hintergrund kann der Cyber-Sicherheit nicht genug Bedeutung beigemessen werden.

17.7   Fazit

Cyber-Risiken stellen eine reale und ernstzunehmende Bedrohung dar, die es erfordert, dass sich leitende Organe (und Aufsichtsgremien) aktiv mit dem Thema beschäftigen. Es ist – schon aufgrund der Haftungsrisiken – keine Option, dies dem Systemadministrator oder IT-Chef zu überlassen.

Der richtige Umgang mit dem Thema erfordert eine ernsthafte Bestandsaufnahme zur Analyse des Risikos und Bedarfs an Cyber-Sicherheit. Durch geeignete Maßnahmen ist dann für eine (dauerhafte) Gewährleistung der Cyber-Sicherheit des Unternehmens zu sorgen. Hierzu gehört insbesondere die Einrichtung eines funktionierenden Risikomanagements. Die Geschäftsleitung sollte die Strategie und die Maßnahmen dokumentieren können. Dazu gehört auch die Überlegung, ob eine versicherungstechnische Absicherung erfolgen kann.

18 Die Millionenbußgelder der DSGVO und andere datenschutzrechtliche Fallstricke für Geschäftsführer

Von Dr. Lutz Martin Keppeler – Fachanwalt IT-Recht bei Heuking Kühn Lüer Wojtek, Standort Köln

18.1 Woher kommt die „Hysterie" um das neue Datenschutzrecht?

Das Datenschutzrecht ist einerseits aktuell ein „Hype-Thema", andererseits handelt es sich nicht nur um eine aktuelle „Sau, die durchs Dorf getrieben wird", sondern langfristig um ein Rechtsgebiet, in dem jeder Geschäftsführer grundlegende Kenntnisse aufweisen muss, um typische Fallstricke zu vermeiden. Neben den erheblichen Bußgeldrisiken, die den aktuellen Hype ausgelöst haben, muss das Datenschutzrecht auch als eines der zentralen Rechtsgebiete der kommenden Digitalisierungswellen bis hin zur 4. Industriellen Revolution gesehen werden. Da in nahezu jeder Datenverarbeitung auch personenbezogene Daten involviert sind, kann das Datenschutzrecht auch als das wichtigste Instrument zur Steuerung der digitalen Zukunft gesehen werden. Das Kapitel zum Datenschutzrecht ist naturgemäß nicht darauf ausgerichtet, sämtliche Feinheiten der DS-GVO zu erläutern. Vielmehr wird aufgezeigt, was ein Geschäftsführer in diesem Bereich unternehmen sollte, um eigene Haftungsrisiken zu minimieren bzw. ganz zu vermeiden.

18.1.1 Warum war das Datenschutzrecht bisher „unwichtig" für Geschäftsführer?

Bisher haben sich Geschäftsführer typischerweise nicht selbst um datenschutzrechtliche Themen gekümmert, es sei denn, das Geschäftsmodell des jeweiligen Unternehmens hatte einen starken Fokus auf personenbezogene Daten. Um zu verstehen, weshalb sich dies mit Inkrafttreten der DSGVO[30] schlagartig geändert hat, muss man sich klar machen, weshalb sich Geschäftsführer zuvor – aus rationaler, wirtschaftlicher Perspektive zu Recht – nicht um das Datenschutzrecht gekümmert haben.

In Deutschland basierten weite Teile des alten Datenschutzrechts auf einer EU-Richtlinie von 1995. Auch die Umsetzung dieser Richtlinie hatte bereits scharfe Sanktionen vorgesehen. So konnten für einen Datenschutzverstoß – in jedem einzelnen Fall – Bußgelder von bis zu 300.000 € verhängt werden. Wenn mit einem Datenschutzverstoß eine Bereicherungsabsicht einherging – wie dies z. B. bei einem unrechtmäßigen E-Mail Marketing der Fall ist – war sogar ein Straftatbestand gegeben.

Doch jenseits des eigentlich strengen Gesetzeswortlautes lag eine Praxis, die nur in seltenen Ausnahmefällen zu wirklich hohen Bußgeldern führte. Häufig waren in der Praxis

---

30 Datenschutz-Grundverordnung (EU) 2016/679, in Kraft getreten am 25.5.2018.

Bußgelder sogar nahezu „lächerlich" gering. So wurde gegen internationale IT-Unternehmen wie Adobe nach einer Missachtung von Vorschriften über den internationalen Datentransfer ein Bußgeld von 9.000 € verhängt. Auch die Strafnormen wurden in der Praxis nur in sehr wenigen krassen Ausnahmefällen angewendet. Vielfach wurden offensichtliche Datenverstöße schlichtweg ignoriert. So greift WhatsApp seit der ersten Veröffentlichung der App in 2009 auf sämtliche Kontaktdaten in einem Smartphone zu, ohne dass jemals sichergestellt war, dass alle Kontakte hierin eingewilligt hatten. Ein rechtliches Verfahren hat dieser klare Gesetzesverstoß jedoch nicht nach sich gezogen (siehe hierzu unten mehr auf Seite 131). Andere Datenschutzverstöße wurden erst lange Zeit nach ihrer faktischen Tolerierung in der Praxis verfolgt. So wird der Facebook-Like-Button, der – ohne die hierzu notwendige Einwilligungserklärung – seit 2009 umfangreiche Daten von Nutzern sammelt, erstmals 2016 abgemahnt und 2017 in einem Urteil verboten.

Einerseits führte die eklatant laxe Verfolgungspraxis zu einem positiven Ergebnis für Geschäftsführer: Aufgrund der geringen Wahrscheinlichkeit Adressat eines Bußgeldbescheides zu werden und aufgrund der geringen Bußgelder war es bislang wirtschaftlich betrachtet richtig, das Datenschutzrecht nicht in den Fokus der Aufmerksamkeit zu rücken. Andererseits ist aber gerade diese geringe Verfolgungsintensität im Datenschutzrecht der Hauptgrund für den Erlass der DSGVO. Es war schlichtweg nicht länger hinnehmbar, dass internationale IT-Großkonzerne nahezu beliebig mit personenbezogenen Daten von Europäern umgehen durften, sodass ein politischer Druck entstand, dem Einhalt zu gebieten. Die Lösung der Politik bestand in dem Erlass einer neuen europäischen Datenschutzverordnung, die inhaltlich vieles beim Alten belässt, den möglichen Bußgeldrahmen jedoch astronomisch in die Höhe schraubt.

18.1.2 Bußgeldrisiken in Millionenhöhe nach der DSGVO

Für den Verstoß von insgesamt 19 Artikeln der DSGVO ist ein Bußgeld von bis zu 20 Mio. € oder von bis zu 4 % des weltweiten Jahresumsatzes vorgesehen. Hierbei ist der Wert ausschlaggebend, der höher ist. Diese 19 Artikel der DSGVO enthalten wiederrum zahlreiche einzelne Verpflichtungen, die in vielen Fällen sehr generalklauselartig und weit formuliert sind. Für Verstöße gegen Verpflichtungen aus über 15 weiteren Artikeln wird ein Bußgeld von bis zu 10 Mio. € oder bis zu 2 % des weltweiten Jahresumsatzes ermöglicht.

Tipp

Während die bisherige Praxis faktisch so lax war, dass das Datenschutzrecht zu Recht nicht auf die Agenda der meisten Geschäftsführer gehörte, führen nun die potentiell existenzgefährdenden Bußgeldrisiken dazu, dass ein Geschäftsführer dafür sorgen muss, die Regeln der DSGVO einzuhalten.

Das Problem ist, dass diese Verpflichtungen derart umfangreich und weit formuliert sind, dass es in vielen Fällen – gerade für kleinere Unternehmen – eines sehr großen Aufwands bedarf, um sicherzustellen, dass sämtliche Verpflichtungen eingehalten werden. Zudem gilt die Bußgeldgrenze für jeden einzelnen „Fall" der Zuwiderhandlung. Bei mehreren Verstößen, die inhaltlich keinen Zusammenhang aufweisen (und bei denen daher von mehreren unterschiedlichen „Fällen" auszugehen ist), können sich die Bußgelder so in unvorstellbarer Höhe summieren.

Anders als im Kartellrecht, wo vergleichbare Bußgeldgrößenordnungen herrschen, gilt die DSGVO aber nicht nur für große marktbeherrschende Unternehmen, sondern auch für Privatleute (ausgenommen ist nur die Datenverarbeitung im engen familiären Umfeld) und für Unternehmen aller Größen ohne jede Beschränkung. Während große marktbeherrschende Unternehmen seit vielen Jahren daran gewöhnt sind, einen gewissen Aufwand für eine solide kartellrechtliche Compliance zu betreiben, müssen sich Geschäftsführer kleinerer Unternehmen und Mittelständler nun an den Gedanken gewöhnen, dass die EU ihnen einen ähnlichen Aufwand im Bereich der DSGVO-Compliance zumutet.

Tipp

Der initiale Aufwand der DSGVO-Compliance ist bei vielen Unternehmen gerade deshalb so groß, weil man sich in der Vergangenheit aus einer rationalen wirtschaftlichen Risikoabwägung heraus wenig intensiv um das Thema gekümmert hat. Nun geht es aber darum, schnell die zahlreichen Dokumentations- und Compliance-Vorgaben der DSGVO umzusetzen, um das Risiko von Millionenbußgeldern weitestgehend zu minimieren.

18.2 Verpflichtungen der DSGVO im Überblick

Das mit der DSGVO einhergehende Bußgeldrisiko ist auch deswegen so hoch, weil die DSGVO jedem Unternehmen sehr viele Verpflichtungen auferlegt, die bußgeldbewehrt sind. So muss jedes Unternehmen folgende Pflichten erfüllen:

- Prüfung der Zulässigkeit der Verarbeitung personenbezogener Daten gemäß Art. 6 und 9 DSGVO
- Einhaltung der Vorgaben für Einwilligungserklärungen gemäß Art. 7 und 8 DSGVO
- Transparente Information für Mitarbeiter / Kunden über die Datenverarbeitung (gegenüber Kunden und Mitarbeitern) gemäß Art. 13 und 14 DSGVO
- Pflicht zur Löschung von Daten, die nicht länger benötigt werden bzw. deren Speicherung nicht länger zulässig ist gemäß Art. 17 DSGVO
- Pflicht von Kunden / Mitarbeitern eingegebene Daten auf Nachfrage – in einem gängigen Format – dem Kunden / Mitarbeiter wieder zur Verfügung zu stellen (Recht auf Datenportabilität) gemäß Art. 20 DSGVO
- Einhaltung der Vorgaben zu Privacy by Design und Privacy by Default („Datenschutz durch Technikgestaltung und durch datenschutzfreundliche Voreinstellungen") gegenüber Mitarbeitern und Kunden gemäß Art. 25 DSGVO

- Einhaltung der Vorgaben bei der Auslagerung einer Datenverarbeitung an einen Dienstleister und andere Auftragsverarbeiter gemäß Art. 28 DSGVO, inklusive der Vorgaben zur Übersendung von Daten in Drittstaaten oder an Tochter-/Schwesterunternehmen

- Verpflichtung zu Datensicherheitsmaßnamen nach dem Stand der Technik gemäß Art. 32 DSGVO

- Meldungen von Abflüssen von Daten nach einem IT-Sicherheitsvorfall gemäß Art. 33 DSGVO

- Beachtung der Vorgaben aus Art. 44 ff. DSGVO beim Transfer von personenbezogenen Daten in Drittstaaten

- Implementierung technischer und organisatorischer Maßnahmen, welche die Einhaltung der Vorgaben der DSGVO sicherstellen gemäß Art. 24 DSGVO; diese Verpflichtung führt dazu, dass jedes Unternehmen ein – für die Unternehmensgröße und die jeweiligen Datenverarbeitungsvorgänge – angemessenes Datenschutz-Compliance-Management-System benötigt

- Einhaltung weiterer Compliance-Pflichten (Ernennung eines Datenschutzbeauftragten, Führen eines Verzeichnisses der Verarbeitungstätigkeit, Durchführen von Datenschutzfolgenabschätzungen) gemäß Art. 30, 35, 37 DSGVO

Es fehlt hier der Raum, um auf alle Verpflichtungen im Detail einzugehen, aber die wichtigsten Aspekte werden im Fortgang noch genauer erläutert. Allgemein ist für das Verständnis der Verpflichtungen der Charakter dieses Datenschutzgesetzes wichtig: Unter dem Stichwort „Technikneutralität" hat die EU ein sehr abstraktes Regelwerk verabschiedet. Dies kann man positiv sehen, weil zweifelsohne nicht bei jeder neuen technischen Entwicklung ein Gesetzgebungsprozess von über 6 Jahren (solange hat es zwischen dem ersten Entwurf der DSGVO und dem Inkrafttreten derselben gedauert) abgewartet werden kann.

Beispiel

Detailthemen wie Videoüberwachung, Weitergabe von personenbezogenen Daten innerhalb eines Konzerns, das Speichern von IP-Adressen in Server-Logfiles, die Notwendigkeit einer Einwilligungserklärung bei der Veröffentlichung von Bildern von Mitarbeitern (oder von Kindern nach einem Kita-Ausflug), die Datenverarbeitung durch Inkassounternehmen, die Datenverarbeitung durch Webseiten und Apps, Personenbewertungsportale im Internet, die Datenverarbeitungen durch Suchmaschinen und eine Vielzahl anderer Aktivitäten der modernen Welt sind mit keinem Wort in der DSGVO erwähnt.

Man muss die „Technikneutralität" der DSGVO daher nicht unbedingt loben, sondern kann auch die „Regelungsneutralität" der DSGVO kritisieren: Denn was Unternehmen ganz genau machen müssen, um eine Verpflichtung zu erfüllen, ist vielfach unklar. Nimmt man hinzu, dass nur in wenigen Bereichen des Datenschutzrechts eine gefestigte Rechtsprechung besteht, die bei der Interpretation der generalklauselartigen Pflichten weiterhilft, muss festgestellt werden, dass die EU Unternehmen in vielen Aspekten schlichtweg „im Regen stehen lässt". Nach dem Konzept der DSGVO haben in Zukunft in erster Linie die Datenschutzaufsichtsbehörden und in zweiter – aber entscheidender – Linie die Richter der deutschen und europäischen Gerichte zu entscheiden, ob ein Verstoß vorliegt oder nicht. Dieser Aufgabe werden insbesondere die Datenschutzaufsichtsbehörden bereits teilweise gerecht, indem sie verschiedene Leitfäden und andere Dokumente zur Verfügung stellen.

18.3   Grundbegriffe der DSGVO im Überblick

Umso wichtiger ist es, zumindest dort Klarheit zu schaffen, wo dies möglich ist. In Art. 4 DSGVO wird eine Vielzahl von Begriffen definiert, die für das Verständnis der genannten Pflichten notwendig ist. Von besonders tragender Bedeutung sind die nachfolgenden vier Termini.

18.3.1   Personenbezogenes Datum

Gemäß Art. 4 Nr. 1 DSGVO ist ein Datum immer dann personenbezogen, wenn sich die in ihm enthaltene Information „auf eine identifizierte oder identifizierbare natürliche Person" beziehen lässt. Ausgeschlossen sind damit schon einmal alle Daten über Gesellschaften sowie andere juristische Personen. Doch wann ist eine Person identifizierbar? Nach dem Gesetz ist dies der Fall, wenn sie „direkt oder indirekt, insbesondere mittels Zuordnung zu einer Kennung wie einem Namen [...] identifiziert werden kann". Was beim Namen offensichtlich ist, ist in anderen Fällen wesentlich schwieriger zu bewerten.

In der Praxis stellt sich die Frage, ob der Begriff der Identifizierbarkeit eng oder weit auszulegen ist. Zum Beispiel könnte man bei einer typischen Videoüberwachung im öffentlich zugänglichen Bereich (z. B. in einem Ladenlokal) diskutieren, ob ein Unternehmen alle dort per Überwachungskamera aufgezeichneten Personen identifizieren kann. Regelmäßig wird ein Unternehmen höchstens in Fällen von Diebstahl, anderen Straftaten oder ähnlichen Vorkommnissen sich die Mühe machen, einzelne Personen zu identifizieren. Häufig gelingt die Identifizierung auch nicht oder nur mithilfe der Polizei und einer umfangreichen Ermittlung. Dennoch genügt diese geringe Wahrscheinlichkeit einer richtigen Identifizierung zur Bejahung des Personenbezugs. Nach der Rechtsprechung des EuGH ist selbst ein rein technisch anmutendes Datum wie eine (dynamische) IP-Adresse ein personenbezogenes Datum, da mit ihr – unter Zuhilfenahme von Zusatzinformationen des jeweiligen Internetproviders, die man häufig erst durch den Einsatz von rechtlichen Mitteln erhalten wird – ein Rückschluss auf den Nutzer getroffen werden kann.

Tipp

Die zugegebenermaßen sehr praxisferne, aber zu akzeptierende Wertung des EuGH verdeutlicht die Reichweite der DSGVO. Selbst rein technisch anmutende Daten können regelmäßig unter Zuhilfenahme von weiteren Informationen einen Personenbezug herstellen, sodass als Faustregel gilt, dass bei Zweifeln von einem Personenbezug des Datums ausgegangen werden sollte.

18.3.2   Verarbeitung

Daneben ist es für die Anwendbarkeit der DSGVO von maßgeblicher Bedeutung, dass ein solch personenbezogenes Datum verarbeitet wird. In Art. 4 Nr. 2 DSGVO wird der Begriff der „Verarbeitung" als jedweder Vorgang verstanden, der im „Zusammenhang mit personenbezogenen Daten" steht. Als Hilfestellung führt die Norm beispielhaft die folgenden Vorgänge auf:

- Erheben und Erfassen der Daten,
- Organisation der Daten, wie das Ordnen und Speichern,
- Anpassung oder Veränderung der Daten,
- Auslesen und Abfragen der Daten,
- generelle Verwendung der Daten,
- Offenlegung durch Übermittlung, Verbreitung oder eine andere Form der Bereitstellung,
- Abgleich und Verknüpfung von Daten
- sowie die Einschränkung, das Löschen oder die Vernichtung der Daten.

Für die Praxis bedeutet dies, dass es für ein Unternehmen unmöglich ist, keine personenbezogenen Daten zu verarbeiten.

Tipp

Jede Aktion mit personenbezogenen Daten stellt eine Verarbeitung im Sinne der DSGVO dar.

18.3.3   Verantwortlicher

Dritter im Bunde der besonders wichtigen Begriffe der DSGVO ist der „Verantwortliche". Der Begriff entscheidet darüber, wer für die Umsetzung der Vorgaben der DSGVO „geradesteht". Der Verantwortliche ist derjenige, der in der Regel Adressat eines Bußgeldes ist. Gemäß Art. 4 Nr. 7 DSGVO ist die „natürliche oder juristische Person [...], die allein oder gemeinsam mit anderen über die Zwecke und Mittel der Verarbeitung [...] entscheidet", verantwortlich. Mit anderen Worten: Derjenige, der entscheidet, welche Daten für welchen Umstand verarbeitet werden und wie dies zu geschehen hat, ist der Verantwortliche. So ist ein Unternehmen regelmäßig verantwortlich für die Datenverarbeitung im Rahmen der Verwaltung von eigenen Personal- und Kundendaten, der eigenen Webseite sowie der Videoüberwachung im eigenen Betrieb.

Im Falle eines Konzerns mit verschiedenen Tochtergesellschaften ist darauf zu achten, dass nicht die Muttergesellschaft die Verantwortliche ist, sondern die Gesellschaft, die die personenbezogenen Daten tatsächlich verarbeitet.

Daneben findet sich in der DSGVO die Möglichkeit einer gemeinsamen Verantwortlichkeit, ein Novum für das deutsche Datenschutzrecht. Gerade die zentrale Verwaltung von Personaldaten in einer Unternehmergruppe ist ein Paradebeispiel für eine gemeinschaftliche Verantwortung, da hier in Bezug auf die Arbeitnehmerdaten sowohl die Gesellschaft, zu der ein Arbeitsverhältnis besteht, als auch die Gesellschaft, die die zentrale Personalverwaltung in der Gruppe übernimmt, über die Zwecke und Mittel der Datenverarbeitung entscheiden.

Neben diesen klaren Zuteilungen gibt es jedoch auch viele Grauzonen, in denen sich eine Zuweisung der Verantwortlichkeit schwieriger gestaltet oder umstritten ist (z. B. Nutzung von Subunternehmen, Zeitarbeitsmodelle, Social Media).

Tipps

Um festzustellen, ob eine Person als Verantwortlicher agiert, sollte man sich folgende Fragen stellen:

- Wer verarbeitet die Daten tatsächlich?
- Wer bestimmt die Zwecke und Mittel der Verarbeitung?
- Liegt eine gemeinsame Verantwortung vor?

18.3.4 Auftragsverarbeiter

Im Gegensatz zum Verantwortlichen ist der Auftragsverarbeiter ein Unternehmen, das personenbezogene Daten im Auftrag und unter der Weisung des Verantwortlichen übernimmt. Der Auftragsverarbeiter bestimmt nicht selbst über die Zwecke und Mittel der Verarbeitung und ist insoweit auch nicht selbst verantwortlich. Dies ist typischerweise überall dort der Fall, wo ein Dienstleister tätig wird, etwa ein Call-Center oder ein Hosting-Provider. Mit diesen datenverarbeitenden Dienstleistern muss der Verantwortliche, also derjenige, der die Weisungen erteilt, einen sogenannten Auftragsverarbeitungsvertrag abschließen, der die Grenzen und die Sicherheit der Verarbeitung personenbezogener Daten regelt.

Neben den genannten Begriffen findet sich in der DSGVO noch eine Fülle anderer Begriffe, die zur Ableitung von Pflichten und Rechten relevant sind. Wo notwendig, werden diese Begriffe im jeweiligen Kapitel erläutert.

18.4 Was ist in der Praxis von Bußgeldern, Abmahnwellen und Schadensersatzansprüchen zu erwarten?

Nach dieser umfassenden Beschreibung der „Bedrohungslage" durch das Datenschutzrecht sind nun ein paar Worte der Relativierung angebracht: Was ist in der Praxis in den kommenden Jahren wirklich vom Datenschutzrecht zu erwarten? Mitte Januar 2019 berichtete das Handelsblatt, dass in Deutschland bis dato 41 Bußgelder verhängt wurden. Der größte Teil hiervon (33 Bußgelder) in Nordrhein-Westfalen. In diesen Fällen verhielt sich die Aufsichtsbehörde bezüglich der Höhe der jeweiligen Bußgelder jedoch sehr restriktiv. Die höchsten Bußgelder in Deutschland wurden bis dato durch die Datenschutzbehörde in Baden-Württemberg verhängt. Ein Bußgeld erging in Höhe von 20.000 € gegen die Chatplattform „knuddels.de" aufgrund fehlender Verschlüsselung von Passwörtern und des Leaks derselben (insgesamt waren um die 330.000 Nutzer betroffen). Ein anderes Bußgeld erzielte eine Höhe von 80.000 € und wurde für die versehentliche Veröffentlichung von Gesundheitsdaten im Internet verhängt. Aus einer rein deutschen Betrachtungsweise lässt sich generalisierend festhalten, dass sich die Aufsichtsbehörden zwar aktiver verhalten, als es von vielen zuvor erwartet wurde, jedoch bezüglich der Bußgeldverhängung bislang Milde walten lassen.

In wie weit diese Schlussfolgerung auch für andere europäische Aufsichtsbehörden gilt, kann noch nicht umfassend festgestellt werden. In Frankreich gab die zuständige Datenschutzbehörde bekannt, Bußgelder in Höhe von 50 Mio. € gegenüber der Google LLC aufgrund der Verletzung von Transparenzpflichten und der Verwendung unwirksamer Einwilligungen verhängt zu haben (hiergegen hat Google LLC Rechtsmittel eingelegt). Relativierend sollte hierbei jedoch berücksichtigt werden, dass es sich bei Google um einen Weltkonzern mit Milliardenumsätzen handelt, der mit Daten sein Geld verdient und damit den „klassischen Feind – die Datenkrake" der DSGVO darstellt.

Häufig wird in diesem Zusammenhang eine Parallele zur Entwicklung der Kartellaufsicht gezogen. Anfang der 80er Jahre galt das Bundeskartellamt noch als ein „zahnloser Tiger". Ein top ausgebildeter „high potential" Jurist hätte zu diesem Zeitpunkt kaum das Bundeskartellamt als Arbeitgeber gewählt und Unternehmen brauchten keine übermäßige Furcht vor den Kartellwächtern zu haben. Dann schuf der Gesetzgeber die Möglichkeit, hohe Bußgelder zu erlassen und nach den ersten hohen Bußgeldern in der Praxis stieg das Renommee der Behörde; zum ersten Mal war es für einen karriereorientierten Juristen interessant, beim Bundeskartellamt zu arbeiten. Bei der Karriere innerhalb der wachsenden Behörde erwies es sich als zunehmend wichtig, besonders hohe und besonders viele Bußgelder einzufahren. In der heutigen Stufe dieser Entwicklungsspirale kann sich das Bundeskartellamt für offene Stellen häufig den besten von 100 Top-Bewerbern aussuchen; zeitgleich ist ein gewisses Volumen an Kartellrechtsbußgeldern in so manchem europäischen Haushalt eingeplant. Es wird allgemein erwartet, dass diese Entwicklung auch im Datenschutzrecht greifen wird. Unklar ist allerdings, wie schnell. „In a long run" werden wir uns an Zeitungsberichte gewöhnen müssen, in denen von einem Datenschutz-Dawn-Raid die Rede ist, also von Datenschutzaufsichtsbehörden, die im Morgengrauen Server eines Unternehmens beschlagnahmen, um Datenschutzverstöße nachzuweisen.

Vor den ersten großen Bußgeldern wird zudem eine Reihe an verwaltungsgerichtlichen Verfahren erwartet, die das Ziel haben, die vielfach unsichere Rechtslage zu klären. Die Datenschutzaufsicht hat im eigenen Ermessen die Gelegenheit, bei einem Verstoß gegen die DSGVO auf ein Bußgeld zu verzichten oder durch eine Verfügung einem Unternehmen aufzuerlegen, bestimmte datenschutzwidrige Tätigkeiten zu unterlassen oder bestimmte Sicherheitsmaßnahmen vorzunehmen. Gegen einen solchen Bescheid kann sich ein Unternehmen relativ kostengünstig vor einem Verwaltungsgericht verteidigen. Erst durch die in diesem Zuge entstehende verwaltungsgerichtliche Rechtsprechung wird eine hinreichende Klarheit über die Auslegung der Generalklauseln der DSGVO entstehen, die das Verhängen eines Bußgeldes aus Sicht einer Datenschutzaufsichtsbehörde zu einem sicheren Unterfangen macht. Denn anhand von rechtsstaatlichen Anforderungen muss eine Verbotsnorm umso klarer und eindeutiger formuliert werden, je höher die staatlich angedrohte Sanktion sein soll. Ohne jegliche Konkretisierung in der Rechtsprechung dürften sich viele Normen als zu unbestimmt erweisen, als dass in „Zweifelsfällen" hohe Bußgelder erlassen werden könnten.

Tipp

Ein „sicherer Fall" der Verhängung eines Bußgeldes entsteht für eine Datenschutzaufsichtsbehörde vor allem dann, wenn festgestellt wird, dass ein Unternehmen bestimmte Verpflichtungen der DSGVO gar nicht erfüllt hat. Sobald das Unternehmen argumentieren kann, dass es sich zumindest Mühe gegeben hat und Ansätze einer Datenschutz-Compliance in Bezug auf die entsprechende Verpflichtung vorweisen kann, ist in einer Frühphase der DSGVO-Praxis eher mit einer (relativ kostengünstigen) Verfügung zu rechnen, als mit einem millionenschweren Bußgeld.

Darüber hinaus wird häufig vor einer „Abmahnwelle" gewarnt. So wird häufig das Bild von „Abmahnanwälten" gezeichnet, die mit Leichtigkeit eine Vielzahl von Datenschutzverstößen bei Unternehmen kostenpflichtig abmahnen können. Gegen eine solche Abmahnwelle sprechen jedoch bei näherer Betrachtung folgende Punkte:

- Abmahnwellen entstehen immer dort, wo auf Basis einer klaren Rechtslage eine Vielzahl an klaren Verstößen zu finden ist. Die DSGVO mit ihren komplizierten Generalklauseln bietet jedoch ausgesprochen wenig Rechtsklarheit für Abmahnanwälte.

- Vor Inkrafttreten der DSGVO war es viel einfacher, eine Vielzahl von Datenschutzverstößen zu finden, da sich Unternehmen zu diesem Zeitpunkt viel weniger um die Einhaltung des Datenschutzrechts gekümmert hatten. An der Abmahnfähigkeit von Datenschutzverstößen hat sich jedoch durch die DSGVO nichts geändert.

- Ein „Abmahnanwalt" erhält in keinem Fall ein Millionenbußgeld ausbezahlt, sondern kann seine Kosten nur anhand eines konkreten „Streitwertes" berechnen. Der Streitwert orientiert sich an dem Interesse des jeweils Betroffenen an der Unterlassung eines Datenschutzverstoßes. Solche Streitwerte wurden jedenfalls in der Vergangenheit durch die deutschen Gerichte sehr gering angesetzt.

Vorgekommen sind bislang allerdings Fake-Abmahnungen, in denen schlicht ein Datenschutzverstoß behauptet wird (der in vielen Praxisfällen gar nicht vorliegt). Trifft ein Abmahner bei einer solchen Fake-Abmahnung auf den geringsten Widerstand, wird die Sache zumeist nicht weiter verfolgt. Zuletzt ist darauf hinzuweisen, dass aktuell Gesetzesinitiativen die möglichen Abmahnungen auf Basis der DSGVO deutlich eindämmen wollen.

In der Frühzeit der Datenschutzpraxis darf jedoch ein Grund für Datenschutz-Compliance nicht vergessen werden, der neben allen denkbaren Sanktionen besteht: Viele größere Unternehmen erwarten von ihren Geschäftspartnern im Zuge der Einführung der DSGVO ein hohes Maß an Datenschutz-Compliance und wollen dies immer häufiger auch nachgewiesen haben.

18.5 „Minimal to-dos" für Geschäftsführer

18.5.1 Auswahl und Ernennung eines Datenschutzbeauftragten

Die wichtigste Handlung zur Enthaftung eines Geschäftsführers ist die sorgfältige Auswahl eines passenden Datenschutzbeauftragten. Jedes Unternehmen, das über mehr als 10 Mitarbeiter verfügt, die regelmäßig personenbezogene Daten verarbeiten, muss einen Datenschutzbeauftragten bestellen (hierbei ist jeder Mitarbeiter mit einzubeziehen, der über einen Arbeitsplatz am Computer oder ein mobiles Endgerät verfügt; es spielt keine Rolle, ob der Mitarbeiter sensible oder eher triviale Daten verarbeitet – vor diesem Hintergrund ist in modernen Unternehmen nahezu jeder Mitarbeiter für diese Rechnung hinzuzuziehen). Zudem kann die Verpflichtung zur Bestellung eines Datenschutzbeauftragten entstehen, wenn Unternehmen verpflichtet sind, eine sogenannte Datenschutzfolgeabschätzung durchzuführen[31]. Dies ergibt sich für Deutschland aus § 38 BDSG.

Hierbei stellt sich zunächst die Grundfrage, ob ein eigener Mitarbeiter als interner Datenschutzbeauftragter ernannt wird oder ob man auf einen externen Dienstleister zurückgreift, der ebenfalls als Datenschutzbeauftragter benannt werden kann. Grundsätzlich benötigt ein Datenschutzbeauftragter zwar die für das jeweilige Unternehmen angemessene Kenntnis der praktischen Anwendung des Datenschutzrechts. Angesichts der Tatsache, dass es derzeit gar nicht genug externe Datenschutzbeauftragte für all die Unternehmen gibt, die einen Datenschutzbeauftragten benötigen, bleibt vielen Unternehmen jedoch gar nichts anderes übrig, als jemanden internen zu ernennen, der sich kurzfristig durch entsprechende Seminare die notwendige Datenschutzkenntnis aneignet.

Für die Ernennungen eines internen Datenschutzbeauftragten sprechen zudem folgende Gründe:

- Ein Interner kennt die Abläufe im Unternehmen wesentlich besser.
- Für viele Unternehmen, die vor der Digitalisierung nicht Halt machen, ist ein gewisses Maß an internem Datenschutz-Know-how ohnehin nützlich.

---

31 Hierbei wird im Vorfeld überprüft, wie groß die in einem speziellen Verfahren innewohnenden Risiken für die Rechte und Freiheiten des Betroffenen sind. Vergleichbar ist das Verfahren mit der früheren Vorabkontrolle.

- Für viele durchschnittliche Unternehmen muss das datenschutzrechtliche Wissen eines Datenschutzbeauftragten nicht sehr umfassend sein, wenn dies durch ein technisches Wissen ausgeglichen werden kann. Ein Datenschutzbeauftragter muss sowohl datenschutzrechtliche Fragen als auch technische und organisatorische Sicherheitsmaßnahmen und IT-Sicherheitsmaßnahmen bewerten: ca. die Hälfte aller Datenschutz-Professionals kommen eher von einer technischen Ausbildung als von einer juristischen Ausbildung. Es ist also üblich, dass man zu Beginn der eigenen Datenschutz-Karriere nur in einem der Themenfelder Datenschutzrecht / IT Know-how mitbringt und sich den jeweils anderen Bereich so gut wie möglich aneignet.

- Ein Datenschutzbeauftragter kommt häufig mit Internen und auch mit Geschäftsgeheimnissen eines Unternehmens in Kontakt – häufig ist es vor diesem Hintergrund besser, geheimes Unternehmenswissen intern zu halten.

Gegen einen internen Datenschutzbeauftragten sprechen folgende Gründe:

- Der interne Datenschutzbeauftragte ist während der Zeit seiner Benennung als Datenschutzbeauftragter und ein Jahr darüber hinaus mit einem privilegierten Kündigungsschutz versehen (eine verhaltensbedingte Kündigung ist weiterhin möglich, eine betriebsbedingte Kündigung jedoch nicht).

- Ein externer Datenschutzbeauftragter verfügt typischerweise über größere Erfahrung und über umfangreicheres Wissen im Bereich des Datenschutzrechts.

Grundsätzlich kann auch eine Zwischenlösung gewählt werden, nach der ein interner Datenschutzbeauftragter „aufgebaut" wird und in der Zwischenphase bis zur vollen „Einsatzfähigkeit" ein externer Datenschutzbeauftragter die Lücke füllt.

18.5.2   Etablierung von DSGVO-Compliance-Prozessen

Ein Geschäftsführer sollte zudem durch die Erteilung von Anweisungen und Etablierung von klaren Prozessen dafür sorgen, dass in typischen Situationen, die datenschutzrelevante Aspekte betreffen, die DSGVO eingehalten wird.

Typischerweise benötigen die meisten Unternehmen eindeutige Regeln für folgende Situationen:

- **Betroffenenanfragen**
  Behandlung von Auskunftsansprüchen und anderen Anfragen von Betroffenen, da Betroffenenanfragen innerhalb einer bestimmten Frist (typischerweise bis zu zwei Monate) beantwortet werden müssen. Hierfür müssen aber eventuell erst Informationen beschafft oder die Identität des Anfragenden geklärt werden, sodass es zweckmäßig ist, vorab grundsätzliche Regeln zu definieren, wie mit solchen Anfragen umzugehen ist.

- **Meldepflichten bei Datenpannen**

  Sollten personenbezogene Daten in Unternehmen versehentlich gelöscht werden oder durch ein Hacking abhandenkommen, so können daraus Meldepflichten bei der Aufsichtsbehörde und gegenüber Betroffenen entstehen, sofern sich aus der Datenpanne Risiken für die Betroffenen ergeben können. Auch hier lohnt sich eine Vorabklärung der Herangehensweise, da die Datenpanne innerhalb von 72 Stunden zu melden ist.

- **Weisungen innerhalb „datenintensiver Abteilungen"**

  In manchen Abteilungen werden mehr Daten und sensitivere Daten verarbeitet als in anderen (z. B. HR-Abteilung, IT-Abteilung oder Marketing-Abteilung). Es lohnt sich in der Regel gegenüber Mitarbeiten in diesen Abteilungen klare Weisungen über den Umgang mit personenbezogenen Daten auszusprechen (etwa darüber, wann eine Einwilligungserklärung notwendig ist, wie mit Bewerbungen umgegangen werden soll oder welche Marketingmaßnahmen zuvor stets durch den Datenschutzbeauftragten abzusegnen sind).

- **Schulungskonzept**

  Es sollte niedergeschrieben werden, in welchem Tonus welche Mitarbeiter welcher Abteilung Awareness-Schulungen erhalten.

Alle genannten Prozesse und Maßnahmen müssen auf das konkrete Unternehmen zugeschnitten werden. So erfordert etwa ein Unternehmen mit mehreren Tochtergesellschaften im Ausland ein ganz anderes Reporting in Datenschutzangelegenheiten als ein rein nationales Unternehmen. Zudem muss für jedes Unternehmen eine passende Form der Prozesse gefunden werden, damit sie in der Realität auch „gelebt werden". Wenn etwa in besonders jungen oder sehr agilen Unternehmen eine grundsätzlich große Abneigung gegen eine unangemessen große „Bürokratie" besteht, müssen die Prozesse anders designt und eingeführt werden als in größeren Unternehmen mit eigener Compliance-Abteilung.

Aus Sicht des Geschäftsführers haben die Prozesse vor allen Dingen eine Funktion: Die Enthaftung. Wenn ein Geschäftsführer nachweisen kann, dass er angemessene Weisungen erteilt und entsprechende Prozesse implementiert hat, kommt es in keiner Weise darauf an, ob die Prozesse in jedem Einzelfall und durch jeden Angestellten immer zu hundert Prozent richtig ausgeführt werden. Natürlich muss man einschreiten, wenn man deutlich sieht, dass bestimmte Datenschutzverstöße systematisch im Unternehmen begangen werden. In der Regel genügt es jedoch für einen Geschäftsführer, nach der Phase der Implementierung der Prozesse auf das Reporting des Datenschutzbeauftragten zu vertrauen, der stichprobenartig kontrollieren sollte, ob die Prozesse eingehalten werden.

18.5.3   Präzise Zuweisungen der Datenschutz-Verantwortung

Problematisch ist, dass die DSGVO für den Datenschutzbeauftragten keine klaren Handlungsanweisungen bereithält. Dessen konkretes Aufgabenfeld ist also unklar. Daher ist zum einen zu empfehlen, mit dem Datenschutzbeauftragten schriftlich genau festzuhalten, welches seine Aufgabengebiete im Unternehmen sein sollen. So sollte einmal grundliegend in Abstimmung mit der Geschäftsführung festgelegt werden, in welchem Umfang und mit welcher Regelmäßigkeit Schulungen, stichprobenartige Prüfungen, Awareness-Maßnahmen, und Reportings durch den Datenschutzbeauftragten erfolgen sollten.

Bei größeren Unternehmen sollte auch geprüft werden, ob anderen Abteilungen bestimmte Rollen nahe der Datenschutz-Compliance und der oben genannten Prozesse zugewiesen werden sollten. So ist es etwa hilfreich, im Rahmen einer Datenpanne immer die IT-Abteilung zu involvieren, die dem Datenschutzbeauftragten wichtige Informationen zuliefern soll. Gleichzeitig ist es aber auch wichtig klarzustellen, dass die Meldung an eine Datenschutzaufsichtsbehörde durch den Datenschutzbeauftragten und eben nicht durch die IT-Abteilung oder durch eine andere Fachabteilung, die ebenfalls eventuell von der Datenpanne betroffen ist, erfolgt. Wenn solche Zuweisungen von Verantwortung und Zuarbeit nicht im Vorhinein klar definiert werden, besteht immer die Gefahr, dass die engen Fristen bei Meldungen oder bei den Reaktionen auf Betroffenenanfragen nicht eingehalten werden oder dass sich niemand im Unternehmen für zuständig hält, was dazu führt, dass die Prozesse dauerhaft nicht eingehalten werden.

18.6   Datenschutzdokumentation

Zur Erreichung einer Enthaftung zwingt die DSGVO ein Unternehmen letztlich dazu, die gesamten Aspekte der Datenschutz-Compliance zu dokumentieren. Gemäß Art. 5 Abs. 2 DSGVO betrifft Unternehmen eine sogenannte „Rechenschaftspflicht" bezüglich der Einhaltung der Datenschutzregeln. Die Datenschutzaufsichtsbehörde müsste bei einem Audit also gar nicht beginnen, konkrete Fehler zu suchen, sondern könnte zunächst einmal verlangen, dass das Unternehmen nachweist, dass es alle Anforderungen der DSGVO erfüllt hat. Wenn man sich nun noch einmal die oben enthaltene Liste sämtlicher Verpflichtungen der DSGVO vor Augen führt, wird klar, dass eine sehr umfangreiche Datenschutzdokumentation erstellt werden muss.

18.6.1   Rechenschaftspflicht für Datenschutz-Compliance – Beweislastumkehr gegenüber den Behörden

Faktisch führt dies zu einer Art Beweislastumkehr: Das Unternehmen muss zeigen können, dass alles DSGVO-konform umgesetzt wurde. In Zweifelsfällen gilt hier leider nicht „in dubio pro reo". Vielmehr hat derjenige das Nachsehen, in dessen Dokumentation keine hinreichenden Details über den konkreten Vorgang enthalten sind.

Was muss der Geschäftsführer über das „Verzeichnis der Verarbeitungstätigkeiten" wissen?

Die zentrale Dokumentation der Einhaltung der Vorgaben der DSGVO erfolgt typischerweise im sogenannten „Verzeichnis der Verarbeitungstätigkeiten" nach Art. 30 DSGVO.

In diesem Verzeichnis, das abgekürzt auch häufig „VVT" genannt wird, muss jedes Verfahren eines Unternehmens dokumentiert werden, welches personenbezogene Daten verarbeitet. Hierbei genügt nicht nur eine genaue Beschreibung des Verfahrens, sondern Art. 30 DSGVO verlangt, dass man für jedes Verfahren noch eine Reihe weiterer Informationen dokumentiert, etwa:

- Die genauen Zwecke der Verarbeitungstätigkeit.

- Eine Beschreibung der Kategorien der Betroffenen und der Kategorien der personenbezogenen Daten.

- Sämtliche Empfänger (wobei es hier auch genügt, nur die „Kategorien von Empfängern" zu nennen).

- Details über eine Übermittlung von personenbezogenen Daten ins EU-Ausland (nebst Informationen darüber, wie das fehlende Datenschutzniveau in Drittländern ausgeglichen wird).

- Angabe der Löschfristen.

- Beschreibung der speziellen technischen und organisatorischen Sicherheitsmaßnahmen.

18.6.2   Was leistet ein DSGVO Gap-Report?

Wenn sich ein Unternehmen noch nicht intensiv mit der DSGVO auseinandergesetzt hat (oder dies längere Zeit nicht getan hat), ist es zweckmäßig, dass der Datenschutzbeauftragte oder ein anderer Experte einen sogenannten DSGVO Gap-Report erstellt. Angesichts der Vielzahl der Verpflichtungen der DSGVO, droht man nämlich sehr leicht den Überblick zu verlieren und dann „den Wald vor lauter Bäumen nicht zu sehen". Da aber nicht jede Verpflichtung mit einem gleichhohen Bußgeldrisiko einhergeht und nicht in jedem datenverarbeitenden Verfahren im Unternehmen sensitive Daten verarbeitet werden, ist es hilfreich, anhand einer Übersicht sämtlicher Compliance-Gaps (also sämtlicher Situationen, in denen eine Vorschrift der DSGVO nicht eingehalten wird) Umsetzungsmaßnahmen zu definieren und vor allem auch zu priorisieren.

Auch ein solcher Gap-Report, der konkrete Umsetzungsmaßnahmen und Empfehlungen für ein Unternehmen ausspricht, dient einem Geschäftsführer zur Enthaftung. Denn wenn die Aussage eines (externen oder internen) Experten lautet, dass nach Analyse sämtlicher datenverarbeitender Verfahren des Unternehmens eine bestimmte Anzahl an Compliance-Gaps vorliegt und eine bestimmt Anzahl an Umsetzungsmaßnahmen empfohlen wird, um genau diese Gaps zu schließen, hat ein Geschäftsführer alles seinerseits erforderliche getan, um ein hohes Maß an DSGVO-Compliance einzuführen. Wenn sich im Nachhinein dann herausstellt, dass an einen bestimmten Prozess nicht gedacht wurde, kann ein Geschäftsführer schlichtweg auf den Gap-Report des Experten verweisen, denn es kann nicht Aufgabe eines Geschäftsführers sein, akribisch und detektivisch nach datenverarbeitenden Verfahren in seinem Unternehmen zu suchen.

18.6.3 Welche DSGVO-Dokumentation will ein Wirtschaftsprüfer sehen? (Bußgeldrisiken als Risiken für den Jahresabschluss)

Da Wirtschaftsprüfer in einem Jahresabschluss auf Risiken für die Fortführung des Unternehmens hinweisen müssen, wird derzeit intensiv diskutiert, was zu tun ist, wenn sich ein Unternehmen noch gar nicht um eine systematische DSGVO-Compliance gekümmert hat. Denn dann kann leider niemand wissen, wie viele potentielle Verstöße gegen Vorschriften der DSGVO möglicherweise durch eine Datenschutzaufsichtsbehörde (oder einen unzufriedenen Angestellten oder Kunden) in der Zukunft aufgedeckt werden und zu Bußgeldverfahren führen. Eine Bezifferung des Risikos gleicht in einer solchen Situation einem Blick in die Glaskugel. Diese Situation kann sehr gut dadurch vermieden werden, dass eine angemessene Datenschutz-Compliance-Dokumentation besteht, aus der hervorgeht, dass derzeit alle erkannten Verpflichtungen der DSGVO entsprechend beachtet werden. Auch hierfür sind vor allem ein Gap-Report und ein detailliertes Verzeichnis der Verarbeitungstätigkeiten wichtig.

18.7 Arbeitnehmerdatenschutzrecht

Der Arbeitnehmerdatenschutz nimmt eine besondere Stellung in der DSGVO ein, da es sich um einen der wenigen Bereiche handelt, in denen es dem nationalen Gesetzgeber aufgrund einer Öffnungsklausel ermöglicht wird, individuelle, nationale Regelungen zum Arbeitnehmerdatenschutz zu schaffen.

Nachfolgend sollen einige bedeutende Thematiken dargestellt werden: Die Einholung der Einwilligungen von Beschäftigten, die Verarbeitung sensibler Daten in der Personalabteilung, Überwachungsmöglichkeiten des Personals, das Nutzen von Mitarbeiterfotos sowie die private Nutzung von E-Mail-Adressen.

18.7.1 Für welche Datenverarbeitung wird eine Einwilligungserklärung benötigt?

Grundsätzlich darf ein Arbeitgeber nur diejenigen Daten eines Angestellten verarbeiten, deren Verarbeitung für die Durchführung des Arbeitsverhältnisses erforderlich ist. Für Datenverarbeitungen, die für die Durchführung eines Beschäftigungsverhältnisses unabdingbar sind (etwa das Führen einer Personalakte, die Lohnbuchhaltung und der in diesem Zusammenhang notwendige Datentransfer an Behörden und Krankenkassen), ist demnach keine Einwilligungserklärung erforderlich. Viele weitergehende Datenverarbeitungen werden aber nicht als „erforderlich" angesehen. So ist etwa die Veröffentlichung von Bildern einer Betriebsfeier, die beliebige Weitergabe von Bewerberdaten an Konzerngesellschaften oder viele Formen der datenintensiveren Überwachung von Arbeitnehmern nicht zwingend „erforderlich" zur Durchführung (oder Begründung) des Beschäftigungsverhältnisses. Für die genannten Datenverarbeitungsvorgänge und für viele weitere „nicht für die Durchführung des Beschäftigungsverhältnisses erforderliche" Datenverarbeitungsvorgänge ist daher eine Einwilligungserklärung notwendig.

Bei Einwilligungserklärungen in einem Beschäftigungsverhältnis sind folgende Aspekte zu berücksichtigen:

Einwilligungen im Arbeitsrecht sind unter dem Gesichtspunkt der Freiwilligkeit besonders genau „unter die Lupe zu nehmen". Die Einwilligungserklärung ist nur rechtlich wirksam, wenn sie freiwillig im Sinne des Art. 7 Abs. 4 DSGVO, also nicht aus der Abhängigkeit des (potentiellen) Arbeitsverhältnisses heraus, erfolgt. Dies bedeutet, dass gegenüber Arbeitnehmern, die nicht einwilligen, keinerlei „Druckmittel" verwendet werden darf.

Unproblematisch ist eine Einwilligung hingegen immer dann, wenn sie lediglich mit Vorteilen für den Arbeitnehmer verbunden ist (§ 26 Abs. 2 S. 2 BDSG).

Als weitere Ergänzung zur DSGVO hat der Gesetzgeber in § 26 Abs. 2 S. 3 BDSG festgelegt, dass eine Einwilligung im Rahmen eines Beschäftigungsverhältnisses der Schriftform bedarf. Das „Anklicken" einer „Checkbox" gilt also im Arbeitsverhältnis ebenso wenig als Einwilligungserklärung wie eine E-Mail, sei der Text der E-Mail auch noch so eindeutig.

Tipp

Bei Einwilligungen im Bereich der Beschäftigungsverhältnisse sind zwei Besonderheiten zu beachten. Zum einen muss verstärkt darauf geachtet werden, dass die Einwilligungserklärung wirklich „freiwillig" abgegeben wird. Zum anderen muss die Einwilligungserklärung schriftlich abgegeben werden.

18.7.2 Personalabteilung – sensitive Daten & Bewerbungen

Neben der Masse der Daten ist es insbesondere die Art der Daten, die die Personalabteilung datenschutzrechtlich besonders bedeutsam macht. Dort werden beispielsweise auch Daten über die religiöse Überzeugung und Gesundheitsdaten (bspw. Krankmeldungen) verarbeitet. Solch sensitive Daten unterliegen strengeren Voraussetzungen bei der Verarbeitung. Zwar wird die Verarbeitung dieser Daten regelmäßig aus Gründen des Arbeitsrechts, der sozialen Sicherheit und des Sozialschutzes durch Art. 9 Abs. 2 lit. b DSGVO, § 26 Abs. 3 S. 1 BDSG gerechtfertigt sein, dennoch sollten diejenigen, die mit diesen Daten in Kontakt stehen, besonders über die datenschutzrechtlichen Vorschriften aufgeklärt werden, da Verstöße in diesem Bereich besonders schwerwiegend sind.

Gerade bei Bewerbungen ist häufig die Verlockung groß, sogenannte Background-Checks durchzuführen, bei denen man über soziale Medien, Detekteien oder andere Dritte personenbezogene Daten über den Bewerber ermittelt. Auch wenn es immer einfacher wird, solche Checks durchzuführen, wird man sie unter datenschutzrechtlichen Gesichtspunkten grundsätzlich als unzulässig bewerten müssen, es sei denn, es liegt im Einzelfall eine wirksame Einwilligungserklärung vor oder die Überprüfung ist gesetzlich vorgeschrieben. Auch vollkommen öffentliche Daten sind nicht als vollkommen unproblematisch zu bewerten, da sich die DSGVO nicht auf geheime personenbezogene Daten beschränkt.

18.7.3   Überwachung des Beschäftigten

Ein anderes problematisches Feld der Datenverarbeitung ist die Überwachung der eigenen Beschäftigten. Seit jeher gilt im deutschen Arbeitsrecht das Verbot der Rundumüberwachung. Dies gilt unter der DSGVO fort. Eine heimliche Überwachung wird weiterhin nur in absoluten Ausnahmefällen in Betracht kommen, wobei die bloße abstrakte Möglichkeit, dass ein Beschäftigter beispielsweise Datendiebstahl betreiben könnte, nicht genügt. Nur wenn konkrete dokumentierte Indizien auf einen konkreten Täter oder einen kleinen Täterkreis hinweisen, kann eine „heimliche" Überwachung rechtmäßig sein.

Weist man den Arbeitnehmer aber deutlich auf die Möglichkeit der Überwachung hin, können eine Reihe von Maßnahmen rechtmäßig sein, etwa die Nutzung von Zugangskontrollen, die Zeiterfassung, Videoüberwachung oder das Geo-Tracking. Sämtliche Maßnahmen müssen aber moderat und angemessen durchgeführt werden und zur Erfüllung eines legitimen Zwecks eines Unternehmens angemessen sein.

Die Nutzung von Zugangskontrollen, beispielsweise durch entsprechende Chip-Karten, kann grundsätzlich mit dem berechtigten Interesse des Unternehmens an Sicherheit (z. B. auch Datensicherheit) gerechtfertigt werden.

Auch die Zeiterfassung von Beschäftigten ist regelmäßig zulässig, da sie unter anderem auch zur Durchführung des Arbeitsverhältnisses notwendig ist (Aufstellung von Abrechnungen u. ä.).

Tipp

Die Verwendung von Zugangskontrollen und Zeiterfassungssystemen zieht – sofern in gebotenem Umfang genutzt – keine datenschutzrechtlichen Probleme mit sich.

Problematischer ist da schon das Geo-Tracking von Mitarbeitern, also die Bestimmung des Standorts des Mitarbeiters durch entsprechende Geräte (z. B. Smartphone oder GPS-Tracker in Fahrzeugen). Auch hier gibt es eine hinreichende Anzahl an Gründen, auf deren Grundlage eine Verarbeitung der Standortdaten im berechtigten Interesse des Arbeitgebers liegt und damit rechtmäßig ist: Die Verkehrssicherheit, die persönliche Sicherheit des Arbeitnehmers (Schutz vor Angriffen Dritter), die Abwehr und Aufdeckung von Straftaten oder Pflichtverstößen von Mitarbeitern und insbesondere die Einsatzkoordinierung der Beschäftigten. Eine dauerhafte Überwachung wird jedoch aufgrund des oben genannten Verbots nur schwerlich begründbar sein. Bei Sicherheitsunternehmen wird man jedoch gut argumentieren können, dass ein dauerhaftes Tracking notwendig ist, um beispielweise auch die „Kontrollwege" aufzuzeichnen.

Tipp

Sofern die Daten lediglich zur Koordinierung der Mitarbeiter verwendet werden, empfiehlt es sich, sicherheitshalber eine Einwilligungserklärung zu verwenden.

18.7.4   Fotos von Mitarbeitern

Regelmäßig werden Bilder von Mitarbeitern dafür genutzt, um sie für das hauseigene Intranet oder aber zur Repräsentation auf der eigenen Webseite zu nutzen. Bei der Nutzung im Intranet wird man regelmäßig behaupten können, dass die bildliche Darstellung der Mitarbeiter für ein besseres Arbeitsklima dienlich ist – Namen und Gesichter können so zugeordnet werden. Gleiches wird man in Bezug auf die Nutzung solcher Bilder auf der Webseite aus Repräsentationsgründen annehmen dürfen, sofern es sich um Personen handelt, die besonders mit dem Unternehmen identifiziert werden.

Tipp

Beschäftigte, die im Außenkontakt stehen, können regelmäßig ohne Einwilligung auf der Webseite dargestellt werden.

Anders zu bewerten ist indes die Aufnahme und Speicherung von Bildern bei Weihnachtsfeiern, Betriebsausflügen und ähnlichem. In diesen Fällen besteht kein berechtigtes Interesse seitens des Unternehmens an der Verarbeitung dieser Daten. Auch sind sie nicht zur Durchführung des Arbeitsvertrages vonnöten. Hier sollte deshalb auf eine Einwilligung der Mitarbeiter gesetzt werden.

Tipp

Bei allen Fotos, die nicht zur Profil-Darstellung notwendig sind, sollte eine Einwilligung eingeholt werden.

Bei einer werblichen Nutzung der Fotos ist eine Einwilligung unumgänglich. Hierbei sollte der Arbeitgeber darauf achten, dass genau betitelt wird, für welche Zwecke die Fotos verwendet werden. Im Falle einer Veröffentlichung im Internet ist zu empfehlen, den Unterzeichner darauf hinzuweisen, dass nicht sichergestellt werden kann, dass das Foto von Dritten nicht weiterverwendet wird und dass man die Verantwortlichkeit über das Bild auf die eigene Webseite beschränkt.

18.7.5   Private Nutzung von E-Mail-Adressen

Die private Nutzung von E-Mail-Adressen stellt einen weiteren Problembereich dar, da Arbeitgeber nur unter bestimmten Umständen Zugriff auf private Daten haben dürfen. Dabei wird man differenzieren müssen, ob der Arbeitgeber die private Nutzung erlaubt hat oder nicht.

Ist die private Nutzung durch den Arbeitgeber verboten, so ist der Zugriff auf alle beruflichen E-Mail-Accounts uneingeschränkt zulässig. Nur in Fällen, in denen der Inhalt der E-Mail offensichtlich privat ist, muss ein Zugriff durch den Arbeitgeber ausbleiben. Daneben hat der Arbeitgeber im Falle des Verbots das Recht, die Nutzung des E-Mail-Servers durch das Auslesen der Logfiles zu kontrollieren, um etwaige Verstöße gegen das Verbot der privaten Nutzung zu ermitteln, aber auch um „Spam" und „Phishing" und sonstigen Schadcode herauszufiltern.

Schwieriger ist die Situation für den Arbeitgeber jedoch in den Fällen, in denen er eine private Nutzung erlaubt (oder duldet), da er in diesen Fällen regelmäßig davon ausgehen muss, dass sich auf seinen Servern Daten mit privatem Inhalt befinden. Ist die private Nutzung ohne weitere feste Regeln gestattet, darf der Arbeitgeber nicht mehr auf das Postfach zugreifen, weder um im Falle einer dringenden betrieblichen Notwendigkeit an eine wichtige E-Mail zu kommen noch um wichtige Sicherheitsmaßnahmen wie eine Überprüfung von E-Mails auf Schadcode durchzuführen. Es wird sogar diskutiert, ob ein Arbeitgeber durch die Zurverfügungstellung der E-Mail-Infrastruktur zu einem „Telekommunikationsanbieter" im Sinne des Telekommunikationsgesetzes wird. Dies hätte zur Folge, dass ein Zugriff auf ein entsprechendes (auch) privat genutztes E-Mail-Postfach als ein Verstoß gegen das Fernmeldegeheimnis gewertet werden könnte. Da dies theoretisch auch strafrechtliche Konsequenzen haben kann, ist mit diesem Thema nicht zu spaßen.

Tipp

Die private Nutzung von E-Mail-Konten kann daher nur empfohlen werden, wenn der Arbeitnehmer zugleich einwilligt, dass entsprechende Sicherheitsmaßnahmen durchgeführt werden können und ein Zugriff auf sein E-Mail-Konto im Falle einer betrieblichen Notwendigkeit möglich ist.

18.8 Häufige Themengebiete und ihre Fallstricke außerhalb des Arbeitnehmerdatenschutzes

18.8.1 Webseiten

Wichtiger als das Unternehmensnamensschild an der Hauswand ist heutzutage oftmals das virtuelle Aushängeschild, die Webseite. Anders als der „Schriftzug am Gebäude" verarbeitet eine Webseite jedoch häufig eine Vielzahl von personenbezogenen Daten. Typischerweise ist es daher zumindest notwendig, die Datenschutzerklärung an die Voraussetzungen der DSGVO anzupassen. Hierfür ist es zunächst ratsam, sich selbst einen Überblick über die Prozesse zu verschaffen, die im „Hintergrund" der Webseite ablaufen. Dabei sollte man sich auch regelmäßig die Frage stellen, ob man all die in der Webseite implementierten Funktionen Dritter (insbesondere Werbe- und Analysetools, wie etwa GoogleAnalytics, etc.) wirklich braucht.

Sobald etwaige überflüssige „Spielereien" entfernt wurden, gilt es, dem Webseiten-Besucher einen umfassenden Hinweis (die allseits bekannte Datenschutzerklärung) über die Datenverarbeitung auf der Webseite zu geben. Hierzu gehört, ihn darüber zu informieren, (1) welche Daten auf der Webseite (2) zu welchen Zwecken (3) auf Basis welcher Rechtsgrundlage für (4) wie lange verarbeitet werden. Erinnern Sie sich noch einmal an die weite Auslegung des Begriffs „personenbezogenes Datum". Selbst IP-Adressen werden in der Rechtsprechung als personenbezogene Daten angesehen. Dies hat zur Folge, dass jeder Besucher Ihrer Webseite zwingend auf Ihrem Web-Server personenbezogene Daten (nämlich seine IP-Adresse) hinterlässt. Auch wenn Sie selbst mit Ihren Möglichkeiten nicht ermitteln können, welche konkrete Person hinter einer IP-Adresse steht, müssen Sie dennoch davon ausgehen (auch auf Ebene der Informationspflichten in der Datenschutzerklärung), dass IP-Adressen als personenbezogene Daten anzusehen sind.

Tipp

Typische Prozesse der Datenverarbeitung auf einer Webseite sind dabei

- Erstellung und Speicherung von Log-Files;

- Angebot eines Kontaktformulars bzw. Kontaktaufnahme über die Impressum-Angaben;

- Statistische Analyse über die Verwendung der Webseite durch ein Analytic-Tool.

Bei komplexer ausgestalteten Webseiten kommen üblicherweise noch die folgenden Vorgänge hinzu:

- Anschluss an verschiedene Werbenetzwerke;

- Bezahlfunktionalitäten;

- Verwendung von Benutzerkonten;

- Nutzung von Social Media Plugins;

- Einbettung von Google Maps, YouTube und ähnlichen Inhalten.

Darüber hinaus ist der Webseiten-Betreiber bei der Weitergabe der Daten an Dritte auch verpflichtet, hierüber zu informieren. Dies ist bereits dann der Fall, wenn die Webseite auf Servern eines Dritten gehostet ist.

Insbesondere bei der Zuhilfenahme von „Global Playern" wie Google LLC wird es dabei regelmäßig auch zu einem Transfer der Daten in den nicht europäischen Raum, insbesondere in die USA, kommen. Dies gilt es, inklusive eines Verweises auf die Regelungen, die die Sicherheit der Daten in diesem Land gewährleisten (bspw. EU-US Privacy Shield Abkommen), in der Datenschutzerklärung aufzuführen.

Beispiel

Zu den typischen Empfängern von Daten auf einer Webseite gehören der Server-Hoster sowie die Anbieter von Analyse-Programmen.

Zudem muss eine Datenschutzerklärung auch über die folgenden Rechte jeder Webseite besonders informieren:

- Recht auf Auskunft;
- Recht auf Berichtigung;
- Recht auf Einschränkung der Verarbeitung;
- Recht auf Löschung;
- Recht auf Übertragung der Daten (Datenportabilität);
- Recht auf Widerspruch (sofern die Datenverarbeitung auf einer Einwilligung beruht);
- Beschwerderecht gegenüber einer Datenschutzaufsichtsbehörde.

Tipp

Aus Gründen der Verständlichkeit, Klarheit und Transparenz (Art. 12 Abs. 1 S. 1 DSGVO) gilt hier das Motto „weniger ist mehr", sodass eine überschwängliche Darstellung der Rechte mit einer Wiederholung des Gesetzeswortlauts fehl am Platz ist. Auch deshalb sei vor „Datenschutzerklärung-Generatoren" gewarnt, die üblicherweise vor allem durch besonders lange Texte hervortreten.

Auch muss der Betroffene darüber informiert werden, dass die Bereitstellung der Daten freiwillig erfolgt, also weder vertraglich noch gesetzlich vorgeschrieben ist. Letztlich bedarf es noch des formalen Hinweises über die Kontaktdaten des Verantwortlichen und gegebenenfalls des Datenschutzbeauftragten.

18.8.2 Social Media

Als besonders besorgniserregend wird von vielen der Umgang mit Social Media gesehen, da die Anbieter solcher Dienste gerne als „Datenkraken" bezeichnet werden. Kontaktpunkte mit Unternehmen bestehen dabei regelmäßig in drei Fällen: Der Verlinkung von Social Media auf der eigenen Webseite, der Implementierung von Social Media Plugins in die Webseite und der Verwendung einer eigenen „Fanpage" (z. B. auf Facebook oder Instagram).

Für Unternehmen vollkommen unproblematisch ist die erstgenannte Variante. Mit Verlassen der eigenen Webseite und Betreten der Webseite des Social Media Anbieters wechselt auch die Verantwortlichkeit für die Datenverarbeitung – der Webseitenbetreiber ist ab dem Verlassen der eigenen Webseite für eine etwaige nachfolgende Datenverarbeitung nicht mehr verantwortlich.

Problematischer ist die Nutzung sogenannter Plugins. Hierbei wird der Softwarecode eines Social Media Anbieters (z. B. zur Implementierung des Facebook-Like-Buttons) direkt in den eigenen Webseitencode implementiert. Dieses „blauäugige" Einfügen des Softwarecodes hat zur Folge, dass der Webseitenbetreiber regelmäßig keine genaue Kenntnis darüber hat, ab wann durch die Social Media Software Daten generiert und an den Social Media Betreiber weitergeleitet werden. Beispielsweise kann dies auch schon beim Aufrufen der Webseite geschehen, also ohne dass der Webseitenbesucher das

Plugin überhaupt nutzt. Da all dies jedoch auf der eigenen Webseite stattfindet – der Webseitenbetreiber sich dazu entschieden hat, eine solche Software zu implementieren – ist er auch Verantwortlicher, sodass er unter anderem auch die notwendigen Informationspflichten erfüllen sowie gewährleisten muss, dass eine Rechtsgrundlage für die Verarbeitung (z. B. Einwilligung) vorliegt. Diesen Pflichten kann der Webseitenbetreiber aufgrund der Unkenntnis über den genauen Ablauf der Datenverarbeitung regelmäßig nicht nachkommen. Mit dieser Problematik beschäftigt sich momentan auch der EUGH, sodass abzuwarten ist, wie dieser die Implementierung von Plugins datenschutzrechtlich bewertet.

Tipp

Eine Alternative, die bis dato von deutschen Datenschutzbehörden nicht angegriffen wurde, auch wenn die Frage nach der Transparenz der Datenverarbeitung auch hier bestehen bleibt, ist die sogenannte „2-Klick-Lösung" oder auch „Shariff-Lösung": Beim Anklicken des Plugins öffnet sich zunächst eine neue Seite mit einem Hinweis zur Datenverarbeitung sowie einer Einwilligungserklärung. Erst nachdem man diese akzeptiert hat, findet eine Übermittlung von Daten an den Social Media Betreiber durch das Plugin statt.

Eine weitere Variante der Social Media Nutzung ist die Verwendung sogenannter „Fanpages", bei denen ein Unternehmen unmittelbar die Plattform des Social Media Anbieters nutzt, um sich dort zu repräsentieren. Besonders prominent ist, aufgrund des kürzlich ergangenen Urteils des EUGH, die Facebook-Fanpage geworden. Der EUGH entschied diesbezüglich, dass eine gemeinsame Verantwortlichkeit zwischen dem Social Media Anbieter und dem Fanpage-Betreiber besteht. Begründet wird dies unter anderem damit, dass der Fanpage-Betreiber regelmäßig die Möglichkeit hat, Besucherstatistiken zu verarbeiten, bei denen er selbst die Kriterien für die Statistik bestimmen kann. Als Betreiber einer solchen Fanpage sollte man deshalb die eigene Verantwortung (insbesondere die Erfüllung von Betroffenenrechten, Prüfung von Verarbeitungserlaubnistatbeständen, u. ä.) nicht vernachlässigen. In Bezug auf die Transparenzverpflichtung empfiehlt sich ein Verweis auf die Datenschutzerklärungen des Social Media Anbieters.

Tipp

Langfristig muss eine transparente Vereinbarung mit dem jeweiligen Social Media Anbieter über die Verteilung der Verantwortung geschlossen werden (Art. 26 Abs. 1 S. 2 DSGVO). Aufgrund des Urteils ist es zu erwarten, dass in Zukunft nahezu alle großen Social Media Anbieter zeitnah entsprechende Verträge zur Verfügung stellen werden. Facebook hat bereits ein entsprechendes Standart-Art 26-Agreement für die Nutzer von Fanpages veröffentlicht.

18.8.3 Nutzung von WhatsApp

Sorgenfalten entstehen auch im Hinblick auf die Nutzung von WhatsApp im beruflichen Bereich. Denn faktisch greifen Mitarbeiter zur internen Koordination oder zur Kommunikation mit Kunden in vielen Unternehmen häufig auf WhatsApp zurück.

Um WhatsApp auf einem Endgerät zu nutzen, fragt die App beim erstmaligen Starten nach dem Zugriff auf die „Kontakte". Gemeint sind alle Informationen, die sich im Adressbuch des Endgeräts / der Cloud befinden. Durch diese obligatorische Maßnahme sichert sich WhatsApp eine Vielzahl von personenbezogenen Daten, ohne dass eine Einwilligungserklärung sämtlicher Personen im Adressbuch für die Weitergabe der Daten vorliegt. Wird die Nutzung von WhatsApp im Betrieb geduldet oder sogar gefördert, kann das Unternehmen datenschutzrechtlich als Mitverantwortlicher hierfür angesehen werden.

Daneben ist die Weitergabe von personenbezogenen Daten an die Muttergesellschaft Facebook Inc. problematisch. Laut eigenen Angaben übermittelt WhatsApp Informationen wie die Telefonnummer des Nutzers, Geräteinformationen, den Registrierungszeitpunkt bei WhatsApp, den letzten Nutzungszeitpunkt sowie die Nutzungshäufigkeit etwaiger Funktionen an Facebook weiter. Die Weitergabe der Daten wird damit begründet, dass der Austausch dazu dient, die Funktionen von WhatsApp zu verbessern und die Sicherheit des Programmes zu gewährleisten. Bereits vor in Kraft treten der DSGVO war eine solche Praxis seitens WhatsApp bekannt, wobei das Verhalten durch das Hamburgische Oberverwaltungsgericht bereits untersagt wurde.

Tipp

Klarheit bezüglich der Nutzung von WhatsApp scheint es in der unmittelbaren Zukunft nicht zu geben. Aus dieser Rechtsunsicherheit sollte jedoch keine blinde Panik folgen. Zwar ist es richtig, dass die Nutzung von WhatsApp momentan rechtlich ungewiss ist, jedoch bedeutet dies auch, dass die maßgeblichen Akteure selbst auch erst einmal weiter streiten werden. Doch wer ganz auf Nummer sicher gehen möchte, der muss die Nutzung von WhatsApp in seinem Unternehmen verbieten.

18.8.4 Cloud-Computing und internationaler Datentransfer

Eine weitere datenschutzrechtliche Problematik ist die heute weit verbreitete Nutzung von Cloud-Systemen. Bei diesen Systemen werden Daten auf den Server eines externen Anbieters geladen und dort gegebenenfalls verarbeitet.

Da ein Cloud Service Provider regelmäßig personenbezogene Daten in Auftrag und unter der Weisung eines Unternehmens verarbeitet, muss zwischen den beiden ein sogenannter Auftragsverarbeitungsvertrag geschlossen werden. In einem solchen Vertrag wird zum Beispiel festgelegt, dass der Cloud Service Provider hinreichende technische und organisatorische Sicherheitsmaßnahmen für die Daten seiner Kunden umsetzen muss. Der Abschluss eines solchen Auftragsverarbeitungsvertrages ist Pflicht nach der DSGVO.

Ein weiteres beim Cloud-Computing auftretendes Problem ist der internationale Datentransfer, da Server regelmäßig außerhalb des europäischen Wirtschaftsraums aufgestellt sind, insbesondere in den USA. Grundsätzlich geht das Europäische Datenschutzrecht davon aus, dass außerhalb der Grenzen der EU kein ausreichendes Datenschutzniveau herrscht und dass deswegen eine Übertragung von Daten außerhalb der EU grundsätzlich nicht gestattet ist. Für einige Länder hat die EU-Kommission jedoch formell verbindliche Entscheidungen getroffen, nachdem das Datenschutzniveau eines Drittlandes als insgesamt vergleichbar und angemessen im Hinblick auf das EU-Datenschutzrecht anzusehen ist. Dies ist etwa für Kanada, Brasilien und demnächst auch für Japan (die Entscheidung steht kurz bevor) der Fall, nicht jedoch für die USA. Die DSGVO erlaubt jedoch, das nicht ausreichende Datenschutzniveau der USA durch Verpflichtungen des Unternehmens, dass die Daten in den USA erhält, auszugleichen. Hierfür gibt es grundsätzlich zwei Möglichkeiten: Ein Unternehmen, dass in den USA nach dem sogenannten EU-US-Privacy-Shield registriert wurde, hat sich im Rahmen der Registrierung und der hierbei notwendigen Selbstzertifizierung ausreichenden Datenschutzregelungen unterworfen, um einen Datentransfer nach der DSGVO zu gestatten. Auf der folgenden Webseite des US-Handelsministeriums können Sie einsehen, welche Unternehmen in den USA nach EU-US-Privacy Shield registriert sind: https://www.privacyshield.gov/list.

Wenn der eigene Geschäftspartner nicht im EU-US-Privacy-Shield registriert ist, verbleibt die zweite Variante: Die EU hat sogenannte Standardvertragsklauseln herausgegeben, also bestimmte Datenschutzverträge, die das Unternehmen, welches die Daten exportiert (im Zweifelsfall Ihr Unternehmen) und das Unternehmen, was die Daten in einem Drittstaat importiert (im Zweifelsfall der Cloud Service Provider) abschließen müssen, ohne den Wortlaut der Klausel zu verändern. In diesem Vertrag sichert das Unternehmen im Drittland zu, mit den Daten adäquat umzugehen. Wenn diese Vertragsklauseln von beiden Parteien unterzeichnet werden, ist ein Datentransfer in ein Drittland grundsätzlich möglich.

18.8.5 Wie viel IT-Sicherheit fordert die DSGVO?

Die DSGVO verlangt von jedem Unternehmen, für eine „angemessene" IT-Sicherheit zu sorgen. Leider ist die DSGVO auch hier, ganz im Geiste des Gesetzes, generalklauselartig ausgestaltet. Nach Art. 32 DSGVO müssen Unternehmen bei der Ausgestaltung des Umfangs ihrer Sicherheitssysteme insbesondere folgende Kriterien gegeneinander abwägen:

- Stand der Technik;
- Implementierungskosten;
- Art, Umfang und Zweck der Verarbeitung;
- unterschiedliche Eintrittswahrscheinlichkeit und Schwere des Risikos für die Rechte und Freiheiten des Betroffenen.

Deutlich wird hieraus, dass die DSGVO nicht an jedermann die gleichen Anforderungen stellen will. Ein großer Technologiekonzern, der von der Verarbeitung von personenbezogenen Daten in großen Mengen lebt und ggf. auch sensible Bankdaten oder ähnliches verarbeitet, wird demnach mehr in Sachen IT-Sicherheit leisten müssen als ein kleiner Handwerksbetrieb, der lediglich wenige Kontaktdaten (bspw. Name, Adresse, Telefonnummer) speichert und diese nur, um in der Lage zu sein, den eigentlichen Auftrag auszuüben.

Beispiel

Wer wenige und „unbedeutende" personenbezogene Daten verarbeitet, muss auch weniger in Sachen Datensicherheit tun.

Um der Verpflichtung jedoch ein wenig mehr Konturen zu geben, werden in Art. 32 Abs. 1 DSGVO zumindest einige „typische" Sicherheitsmaßnahmen benannt, wobei auch hier das obige Prinzip gilt, wie die Formulierung im Gesetz deutlich macht: „schließen gegebenenfalls unter anderem Folgendes ein". Hier besonders hervorzuheben ist die „Pseudonymisierung und Verschlüsselung personenbezogener Daten", die man als eine der grundlegenden Maßnahmen sehen kann, sowie auch die Nutzung eines Virenscanners, Passwortschutz des Rechners und die Nutzung von Backups.

Tipp

Bei der Ausgestaltung der IT-Sicherheit sollte dabei immer darauf geachtet werden, dass ein System immer nur so sicher ist wie das „schwächste Glied". So nützt es wenig, wenn besonders sichere Passwörter für den Zugang zu Rechnern verwendet worden, diese aber aufgrund ihrer Komplexität leicht vergessen werden und deshalb als Post-it an dem Bildschirm befestigt sind.

18.8.6 Verpflichtung zur Löschung von Alt-Daten in gewachsenen IT-Systemen

Auch wenn Unternehmen in der Vergangenheit schon zur Löschung personenbezogener Daten verpflichtet waren (§ 35 Abs. 2 BDSG), wurde die Pflicht gar nicht oder nur sporadisch in die Tat umgesetzt. Gründe dafür liegen zum einen auf der technischen und zum anderen auf der rechtlichen Seite. Die technischen Vorkehrungen, namentlich die Datenbankstrukturen oder die Unternehmenssoftware, beinhalten kein systematisches Löschkonzept, sondern verknüpfen die gespeicherten Daten vielmehr derart miteinander, dass ein Löschen punktueller Daten komplexe Fragen und Probleme aufwirft. Zudem spielen auch die Backup-Routinen in Unternehmen eine große Rolle hinsichtlich der massenhaften Speicherung von personenbezogenen Daten. Konsequenterweise wurde und wird von dem Löschen personenbezogener Daten in der Praxis größtenteils Abstand genommen.

Art. 17 Abs. 1 DSGVO verpflichtet den Verantwortlichen, Daten unverzüglich zu löschen, sofern ein Grund dafür vorliegt. Die in Art. 17 Abs. 1 DSGVO genannten Gründe, die zu einer Löschung verpflichten, spiegeln die Erlaubnistatbestände aus Art. 6 DSGVO wider. Mit anderen Worten, sofern die Legitimation aus Art. 6 DSGVO wegfällt oder sogar nie bestand, müssen die Daten gelöscht werden.

Art. 17 Abs. 3 DSGVO statuiert Ausnahmetatbestände von der Löschpflicht. Insbesondere Art. 17 Abs. 3 lit. b DSGVO ist nennenswert, der die Löschpflicht ausschließt, sofern die Erfüllung einer rechtlichen Verpflichtung im Raum steht, die die Datenverarbeitung erfordert.

Beispiel

§ 147 AO und § 257 HGB sehen gesetzliche Aufbewahrungsfristen bspw. für Handelsbriefe und Buchungsbelege vor, die Zeiträume von sechs bis zu zehn Jahren umfassen. Wenn man sich bewusst macht, wie weit die Steuerbehörden diese Regeln auslegen (alles, was eine Buchung oder einen Vertragsabschluss erklärt, muss aufbewahrt werden), sollte man bei allen steuerrelevanten Dokumenten lieber auf die Löschung verzichten, denn § 147 AO und § 257 HGB gehen der Löschungsplicht der DSGVO vor.

Literaturhinweise

Literaturhinweise

Baumbach / Hueck (Hrsg.):

GmbHG (Kommentar), C. H. Beck-Verlag, München, 21. Aufl. 2017

Birle / Klein / Müller:

Praxishandbuch der GmbH: Gesellschafts- und Steuerrecht, NWB-Verlag, Herne, 4. Aufl. 2017

Daumke / Keßler / Perbey:

Der GmbH-Geschäftsführer: Zivilrecht, Steuerrecht, Sozialversicherungsrecht, Haftung, NWB-Verlag, Herne, 5. Aufl. 2016

Eckart / van Zwoll / Mayer:

Der Geschäftsführer der GmbH, Kohlhammer-Verlag, Stuttgart, 2. Aufl. 2014

Ek, Ralf:

„Die Haftung des GmbH-Geschäftsführers", C. H. Beck, München 2011

Ginthör / Hasch / Guggenberger:

Der GmbH-Geschäftsführer: Rechte und Pflichten, Linde-Verlag, Wien, 2. Aufl. 2013

Ihlas, Horst:

„D&O", Duncker & Humblot, Berlin 2009

Jula, Rocco:

„Der GmbH-Geschäftsführer", Springer-Verlag, Berlin, 4. Aufl. 2012

Lange, Oliver:

„Handbuch D&O-Versicherung", C. H. Beck, München 2014

Lenz, Tobias:

„D&O-Versicherung", Sonderdruck Deutscher Anwalt Verlag, Bonn 2012

Oppenländer / Trölitzsch:

Praxishandbuch der GmbH-Geschäftsführung, C. H. Beck-Verlag, München, 2. Aufl. 2011

Roth / Altmeppen (Hrsg.):

GmbHG (Kommentar), C. H. Beck-Verlag, München, 9. Aufl. 2019

Saenger / Inhester (Hrsg.):

GmbHG (Kommentar), Nomos-Verlag, Baden-Baden, 3. Aufl. 2016

Thümmel, Roderich:

„Persönliche Haftung von Managern und Aufsichtsräten", Boorberg, 5. Aufl. 2016

Stichwortverzeichnis

Stichwortverzeichnis

Die Autoren

Die Autoren

RA Franz Held ist Mitglied der Geschäftsleitung des D&O-Anbieters VOV GmbH in Köln. Herr Held ist Wirtschaftsmediator (MuCDR) und verfügt über eine langjährige berufliche Erfahrung im Manager-Haftpflichtgeschäft, die ihn als gefragten Spezialisten auf diesem Gebiet ausweist. Sein breites Wissen zu Managerhaftungsfragen gibt Herr Held durch eine Vielzahl von Veröffentlichungen sowohl in juristischen Fachbüchern als auch in Fachzeitschriften sowie durch ausgewählte Vorträge weiter.

Dr. Lutz Martin Keppeler ist Rechtsanwalt und arbeitet seit 2014 in der Kanzlei Heuking Kühn Lüer Wojtek in Köln im Bereich IT/IP. Zuvor war er bei einer internationalen Kanzlei beschäftigt. Im Frühjahr 2017 erwarb Herr Dr. Keppeler den Titel Fachanwalt für Informationstechnologierecht und seit dem Wintersemester 2018/19 hält er an der FH-Köln eine Vorlesung zum Datenschutzrecht. Er berät Mandanten zu allen Fragen des IT- und Datenschutzrechts und ist in diesen Bereichen sowohl außergerichtlich als auch forensisch tätig. Herr Dr. Keppeler arbeitet besonders intensiv an der Schnittstelle zwischen Technik und Recht, woraus sich Spezialgebiete wie das IT-Sicherheitsrecht, das Open Source Lizenzrecht und das Datenschutzrecht ergeben. Zu allen genannten Bereichen hält Herr Dr. Keppeler regelmäßig Vorträge und publiziert umfangreich hierzu.

RA Carsten Laschet ist geschäftsführender Partner der Sozietät Friedrich Graf von Westphalen & Partner in Köln. Schwerpunkt seiner anwaltlichen Tätigkeit ist das Haftungs- und Versicherungsrecht, insbesondere die Bereiche Managerhaftung und D&O-Versicherung. Er ist Autor zahlreicher einschlägiger Publikationen und Lehrbeauftragter der Rheinischen Fachhochschule Köln (University of Applied Sciences) für Wirtschaftsrecht.

Jerome Nimmesgern LL.M. ist Rechtsanwalt und arbeitet seit 2014 in der Sozietät Friedrich Graf von Westphalen & Partner mbB in Köln. Seine Beratungsschwerpunkte liegen im Haftungs- und Versicherungsrecht einschließlich der damit zusammenhängenden Fragestellungen des Cyberrisikos und der Cybersicherheit. Er veröffentlicht als Autor auch zu Haftungsfragen des Arbeitsschutzrechts und der Betriebssicherheitsverordnung.